# 公務員の「出世」の作法

堤 直規［著］
Naotada Tsutsumi



学陽書房

# はじめに　「世に出る」公務員のススメ

「出世」と聞いて、みなさんはどう思いますか？

若手からは、「あまり関心がない」「責任が増えるだけで割に合わない」という声をよく聞きます。２０１６年に横浜市が行った職員満足度調査では「より責任のあるポジションに就きたいか」という設問に対して６割以上が消極的という回答でした。

公務員にとって、「出世」という言葉は、ある意味、ＮＧワードです。職場で語られることは少なく、目にするのは苦しそうな管理職や係長たちの姿。耳にするのは「大変だ」という話ばかり。私も、昇任試験を前にして、いろいろと悩みました。

しかし、公務員と「出世」は切っても切り離せないものなのです。公務員は、幅広い人たちのために幅広い方々の協力を得て仕事をする職業だからです。

「出世」には、①組織内での地位（昇任）と、②世間における知名度（信頼）という２つの側面がありますが、公務員として長く働けば、何らかの形で組織・地域・関係者の間で知られる存在となってきます。このため、公務員にとっての「出世」とは、自分がどのように組織・地域・関係者と向き合うのか、そして、今後どのように幅広い方々の信頼を獲得して「大きな仕事」をしていくのかということに他なりません。

そうした目で広く職場を見渡せば、多くの人から信頼され、いきいきと仕事をしている管理職や、自治体の枠を超えて活躍している先輩がいます。そうした先輩たちを見ていて気づいたのは、**「出世」には様々な形があること、そして、「出世」に伴う「大変さ」を大きく上回る「面白さ」や「やりがい」がある**ということでした。

先輩たちを見ていて気づいたことは、もう1つあります。「出世」には「作法」があり、若いうちから意識してそれを身につけておくとよいということです。「出世の作法」には、確実に成果を出して信頼を積み重ねていく「出世するための作法」と、「出世」に伴う役割の変化にスムーズに対応するための「出世した者の作法」があります。**「出世の作法」を身につければ、「出世」に伴う「大変さ」は大きく軽減され、「やりがい」をさらに大きく豊かなものとしていくことができます。**

この本では、そうした「出世の作法」を5部構成にしてまとめました。CHAPTER1は、「出世」する公務員の考え方と仕事術についてです。一口に「出世」と言ってもその姿は様々であり、働き方も大きく違ってきます。まず、そこを押さえておきましょう。

ＣＨＡＰＴＥＲ２は、「出世」前に身につけたい・経験しておきたいことについてです。「出世」の道を拓くために、また、「出世」した後に備えて、若いうちから意識しておきたいことがあります。

ＣＨＡＰＴＥＲ３は、公務員の昇任対策についてです。公私ともに忙しい中で、昇任試験対策をしっかり進めるためのポイントをまとめました。昇任試験がない場合でも、昇任を意識する時期になったら気をつけておくべきことがあります。

ＣＨＡＰＴＥＲ４は「出世」後に待ち受ける落とし穴について、ＣＨＡＰＴＥＲ５では「出世」後に磨くべき考え方やスキルについてまとめました。「出世」は「大きな仕事をする」ための手段です。より大きな仕事をしていくために、知っておくべきことがあります。

本書を参考に、組織・地域・関係者の中（業界）で信頼される「世に出る」公務員をめざして、１つひとつステップアップしていきましょう。

堤　直規

CHAPTER 1

# 「出世」する公務員の考え方

CHAPTER 2
## 「出世」前にしておきたい10のこと

## CHAPTER 3 「出世」する公務員の昇任対策

CHAPTER 4

# 「出世」後に待ち受ける落とし穴

## CHAPTER 5 「出世」後に必要となる10のスキル

CHAPTER

1

# 「出世」する公務員の考え方

CHAPTER 1

# 1 公務員と「出世」の切れない関係

## 市報に名前が載っていた！

「昇任おめでとう！」

「異動したんだね！」

そんなメッセージをいくつもいただいて、びっくりしました。

納税課長補佐・納税課長となったとき、そして、行政経営担当課長に異動したときのことです。特に伝えていなかったのに、なぜ知ったのだろうと思ったら、「市報に載っていたよ！」ということでした。

「出世」というと、一般的にはかなり高い地位となることを意味します。しかし、公務員の場合、管理職となれば、少なくとも地域では動きを知られる存在となります。

東京都の管理職の人事異動は、「都政新報」という専門紙で詳細に報じられます。係長や担当者の異動も、都道府県や近隣の自治体の部署間では連絡し合っています。

上場企業等では、取締役・監査役の氏名はＩＲで公表され、また、業界紙等で報道されることもあるでしょう。しかし、**管理職に昇任しただけで、広く一般に広報され、「世に出る」ことになるのは、公務員ならではの特徴**です。

## 誰もが「世に出る」時代

公務員が「世に出る」のは、管理職に昇任した場合だけではありません。

公務員が名乗らず、名刺も持たなかった昔ならいざ知らず、**今は多くの職員が様々な形で「世に出る」時代、「世に知られる」時代となっています。**

組織内では、人事評価だけでなく、職員として信頼できるかを、上司だけでなく後輩からも常に見られています。他自治体の職員にも、よい仕事をした職員の名前は広まっていきます。業務に関係する業者や地域の方々の間でも同じです。

こうした点は公務員に限りません。ただ、公務員は長年にわたって職場内外や地域の幅広い人たちと関わり続ける中で、それが積み重なり、大きな財産またはマイナスとなるということを肝に銘じておく必要があります。公務員は「信用失墜行為」で処分されますから、**どう「世に出る」かを日頃からよく考えておかなければなりません。**

「出世」していく人たちは、こうしたことをよく理解していて、受け身で評価を受けるのではなくて、若い頃から自ら「世に出る」ことで、コツコツと経験と信頼を積み上げているものです。**ベテラン・管理職となったときに、本当に武器になるのは、それまでに「世に出る」中で培った経験と信頼関係だからです。**

私が尊敬する市役所のOBのMさんは「評価は他人がするもの」と仰いましたが、公務員として10年目を過ぎた頃からは、自己評価とともに、組織・関係者・地域の方々における自分の知名度と信頼度を冷静に見つめる必要があります。大事なのは実績に裏づけられた信頼ですが、知名度が低ければ実績も伝わりません。

自分のことはなかなかわからないもの。上司・先輩・同期等と信頼関係を築き、率直なフィードバックを受けられるようにしておくことが大事です。

# 2 公務員の「出世」には様々な形がある

## 「昇任」して変わること・変わらないこと

「係長になって、仕事はどう変わりました？」

「課長と係長の仕事の違いって、何ですか？」

若手から、よくこうした質問をされます。そんなとき、私はこう答えています。

「公務員としてすべきことは変わらないよ。だけど、役割が違う。野球で言えば、主事・主任は選手、係長はキャプテン、課長が監督だよね。一番違うのは個々のプレーを超えて、試合に勝ち、優勝に導くことが『責任』『やりがい』になることだよ」

小金井市では処務規程で職責を、人材育成基本方針で期待される役割を規定しています。概略だけ述べると、主任と係長では、①上司の補佐、②所属職員の指揮監督、

③単なる事務ではなく業務遂行に責任を持つことが違います。係長と課長では、④費用対効果の管理、⑤他部署等との協調、そして、責任を負うのが⑥業務ではなく施策の立案と推進であることが異なります。

こう書くと、なんだか大変そうだと思うかもしれませんね。確かに責任は重くなります。でも、それ以上に**「やれること」も「やりがい」も桁違い**になってきます。そうした「面白さ」については次項で述べます。

政策・施策の実現に向けて、個々の職員を支え、その頑張りが実るように、考えて動いて、人財と組織を育てていく。それが「昇任」という組織内での「出世」です。

## ☑ 執筆や交流による業界での「出世」

公務員の「出世」は、組織内の「昇任」だけではありません。**「昇任」の他にも、①自治体の世界、つまり業界と、②自治体のある地域での「出世」という2つの形があります。**しかも、それらは重なり合っています。

まず、業界での「出世」では、専門を究め、エキスパートとして著作・講演等で活躍する方々がいます。私も、財政では定野司さん（足立区）・肥沼位昌さん（所沢市）、法務では塩浜克也さん（佐倉市）・森幸二さん（北九州市）、税務では藤井朗さん（東京都）の著書等で勉強させていただきました。

さらには、元武蔵野市職員で岩手県立大学名誉教授の天野巡一先生や、元大田区職員で福島大学教授を務めた今井照先生のように、大学教員となった方もいます。また、青山学院大学の講師を務める早川淳さん（渋谷区）のように、現職の自治体職員でありながら大学等で教鞭を執っている方もいます。

加えて、公務員同士が交流・学習する場をつくって「世に知られる」ようになった方もいます。東北まちづくりオフサイトミーティングの後藤好邦さん（山形市）、NAS（Nakano After Six）の酒井直人さん（現中野区長）は、多くの自治体職員から頼りにされ、その活動は月刊『ガバナンス』（ぎょうせい）等で紹介されました。

私も、書籍の執筆や業界誌への寄稿・連載、市町村アカデミー等で講師を務めるといった貴重な機会をいただきました。長年参加している東京・多摩地域での研究会を含め、多くの方々との出会いと学びが、自分の支えになっています。

## ご当地ラーメンを発掘し、広めた立川さん

地域で活躍している公務員もたくさんいます。

たとえば、立川寛之さん（八王子市）は、市職員と地元大学生の有志で「八麺会」をつくり、醤油味で刻み玉ねぎが特徴のご当地ラーメン「八王子ラーメン」を全国に広め、セブンイレブン等との商品開発まで行ってしまいました。

私たちは、そんなスーパー公務員にはなれないかもしれません。けれど、皆さんの自治体にも、他の自治体とのパイプ役だったり、少年野球の指導者として地元から信頼されている職員等がいると思います。大事なのは、信頼を積み上げることです。

私も、小金井市内で地域活動に参加する中で培われた経験と信頼関係が、市の業務でも活きています。

公務員の「出世」は、業務の中だけではありません。組織での昇任やエキスパート化を基本としつつも、業務を超えた活動が様々に広がり、つながり、重なって、その人ならではの魅力と大きな可能性となっていきます。

# 3 「出世」の醍醐味は「面白さ」

## 何のために「出世」するのか？

①「なんで課長になろうと思ったんですか？」
②「なぜ、地域活動を続けているのですか？」
③「本を書こうと思ったのは、なぜですか？」

これも、若手からよく受ける質問です。皆さんなら、どう答えるでしょうか？

私が見るところ、「出世」する多くの人にとって、第一の動機は「仕事の面白さ」です。市役所OBのYさんは、「仕事の報酬は仕事だよ」とよく仰っていました。

もうちょっと言葉を足すと**「意義のある、手応えがある仕事」**です。「出世」する人たちは、仕事を「楽か」「得か」ではあまり考えません。若いうちから、仕事の面白さ＝意義と手応えを大事にしている人がとても多いです。もちろん、すべての仕事には意味があるのですが、そこを深く掘り下げて考えていて勉強になります。

先の①・②・③はいずれも、いち担当者であることを超えた仕事です。現場が好きな私ですが、いち担当者の壁も感じていました。保険年金課では、メンバーとともに、国民健康保険税の収納率の向上に取り組みましたが、私たちの異動後、後任の努力にもかかわらず、収納率はまた落ちてしまいました。

その後、管理職となり、納税課長補佐・納税課長となったとき、一番うれしかったのは、部長と私が考えた目標をはるかに上回る成果をメンバーが出し続けたことです。担当者の頑張りを成果につなげていくことが管理職の役割であり、醍醐味です。**一人でできることの何倍もの成果とメンバーの笑顔。**一度覚えたら病みつきです（笑）。

②地域活動や③執筆活動も、地域や関係者の役に立ちたいと思うから行うものです。

## ☑「面白さ」を「志」に育てていく

私の周囲には、いきいきと組織で、業界で、地域で活躍する方々がいます。

部長職を務めたYさんをはじめとするメンターの方々、地域活性化に熱意を燃やし続けるUさんといった方々に共通するのは、目の前の担当業務を超えて、自治体を、地域を、自治の世界をよりよくしていきたいという「志」です。心から面白そうにしているものですから、そうした方々に接すると、こちらも元気になります。

「志」がなければ、組織における昇任も、業界や地域での活動も、面倒事が増えるばかりで辛いものです。楽をしたいだけならば、「出世」は割に合わないでしょう。しかし、逆に言えば、**ただ業務をこなすだけの毎日は、心身を消耗するだけ**です。

「仕事の面白さ」を大事にして、頑張る中では「壁」に直面します。その「壁」を乗り越えようと取り組む毎日が、だんだんと「志」を育ててくれます。大事なのは、仕事にどれだけ誠実に向き合ってきたかです。仕事が「デキる」かではありません。

「志」は時間をかけて、自分で育てるもの。育てた「志」が、「出世」に伴う大変さを超えていく「ブレない自分」を支えてくれます。

CHAPTER 1

# 4「出世」と収入の微妙な関係

## 管理職に昇任すると「年収が減る」？

①「昇任すると、年収が減るって話だよ」
②「管理職より、係長職のほうが年収は高いって本当？」
③「原稿料や講演料って、受け取っちゃいけないんでしょう？」

こんな話を聞いたことはないでしょうか？　私は職員団体の役員を10年間務める中で、このような質問・相談を何度も受けてきましたが、一部だけ正しいから困ります。

まず、①・②公務員としての年収について。昇任しても、月収はあまり上がりません。給与表の直近上位に位置づけられるだけで、昇任した瞬間に大幅な給与増となることはないのです。しかし、**最終的な給与、つまり生涯賃金では差がついてきます。**

公務員の昇給は、昇任による級のアップと、毎年の人事評価に基づく号級のアップで決まりますが、号級のアップによる給与の上がり幅は、上の号級になるほど小さくなります。このため、1級である主事職の場合は40代で、昇給幅が小さくなります。同様に、40代中盤で主任職、50歳前後では係長職の伸び幅が鈍ります。

加えて、特別調整額、いわゆる役職加算が加わりますので、年収としては一定の差が、年数を経るごとに広がっていくということになります。このため、昇任した年の収入はわずかに上がる、その後の生涯賃金で徐々に差がついていくというのが正解です。

②は、時間外勤務が多い係長職が管理職である課長補佐等に昇任した場合には事実です。給与月額と特別調整額は上がりますが、時間外勤務手当がつかない分、年収は下がります。加えて、前年度の高かった年収で住民税が課税されますから、手取りは一時的にはさらに目減りすることになります。昇任前後は家計チェックが不可欠です。

## ☑ 業界や地域での活動と「謝礼」「報酬」

③原稿料や講演料を受け取ってはいけない、というのはどうでしょうか?

業界誌に寄稿したり、セミナーや他自治体の研修の講師を務めた場合、謝礼が支払われるのが普通です。兼業禁止のため、それらは受け取ってはいけないと思われている場合が少なくありません。もちろん、業務として行った原稿執筆及び講演について、謝礼等を受け取ることはできません。しかし、業務時間外に、業務に支障のない範囲で行う原稿執筆及び講演については、地方公務員法に規定する営利企業等従事制限の対象となる「報酬」ではないとされています（人事院行政実例昭和27年10月2日）。

このため、業務に支障ない範囲で、休暇等を取って、または終業後に行う原稿執筆及び講演については原稿料及び講演料・車代を受け取ることができますが、厳しく考える自治体もあるようです。なお、小金井市の場合は、継続的な事業とみなされる、雑誌連載及び印税による書籍出版については、兼業の許可を取ることとされています。

## ☑「出世」によって得られる「お金」以上のもの

「お金」は、短期的にはマイナスとなる場合もあります。実際のところ、私も企画政策係長から納税課長補佐に昇任した際には、年収は減り、持ち出しが増えました。

また、業界誌に寄稿したり、本を書いたりする際も、結局のところ、そのための勉強に本を買い、お世話になった方に献本したりするので、手元にはお金は残りません。むしろ、そのために所得税・住民税が増えて手取りは減った印象です。地域活動については、完全なボランティアで手弁当となります。

それでも、組織でも、業界でも、地域でも、「出世」によって得られるものは、とてつもなく大きいと私は思います。**得られる最たるものは「仕事」と「仲間」**です。「仕事」のやりがいは何倍にもなります。また、そうした活動をしていると、自分だけでなく、みんなのために汗をかく、素晴らしく面白い「仲間」たちと出会う機会が格段に増えてきます。それがまた新たな「仕事」と「仲間」につながります。

①組織、②業界、③地域での3つの「出世」は重なり合っています。後でお金につながることもありますが、むしろ、**「タダ働き」こそが、一番「仕事」と「仲間」を連れてくる好機となる場合が多い**と感じています。

それが日々の仕事と暮らしを、つまり、人生をとても面白いものにしてくれます。

# 5 「楽しく」いつも仕事する

## 好奇心が仕事を面白くする

「出世」はもちろん、「面白さ」だけではありません。「大変さ」も何倍となります。出世する人たちは、どのようにその「大変さ」を乗り越えているのでしょうか？

公務員には異動がつきもの。昇任するにせよ、エキスパートとなるにせよ、また、業界や地域で活躍するにせよ、公務員の「出世」は予測できない異動の中でステップアップしていくことに他なりません。**異動という、いわば偶然を力に変えられるかが、公務員の「出世」の第一の要件**となります。平戸市をふるさと納税日本一にした黒瀬啓介さんも、「偶然を必然にする」と言っていたのが印象的でした。

スタンフォード大学のジョン・D・クランボルツ教授は、ビジネスマンのキャリアの8割は偶発的な出来事によって形成されているとし、偶発的な出来事をチャンスに変えることができる人の特徴として、**①好奇心、②持続性、③柔軟性、④楽観性、⑤リスクテイキング**の5つを挙げています。

「出世」するということは、より多くの役割を果たすことに他なりません。このため、新たな面倒事が日々押し寄せてきますが、好奇心があれば、そこに面白さを感じることができます。それが困難を乗り越える力になります。

私は、これまで税務に2回携わりましたが、最初は全く興味がありませんでした。しかし、好奇心を持って取り組んでみると、だんだん面白くなってきます。熱意を持って取り組めば、失敗からも学び、自然に実績も上がってくるものでした。

## ☑ 好奇心を保つために必要なことは?

ただ、好奇心は放っておくと、知らず知らずのうちに「錆び」がついて鈍くなってしまいます。どうしたら、好奇心を錆びつかせずに保つことができるでしょうか?

そうした目で、いきいきと仕事をする人と仕事に行き詰まってしまう人を見比べて気づくのは、①最初の反応と、②刺激を受ける習慣の違いです。

水が半分入ったコップを見て「もう半分しかない」と思うか、「まだ半分ある」と思うか。「ABCモデル」（アルバート・エリス）では、ある出来事（Activating Event）がどのような結果（Cosequence）をもたらすかは、個人がその出来事をどう捉えるか（Belief）によって変わるとされます。「いいね！」「面白いね！」を口癖にして、前向きな捉え方を持つようにすると、自分のマインドセットが前向きになってきます。

刺激を受けることを習慣にすることも大事です。刺激は、言わば仕事と暮らしのスパイス。いきいきと仕事をする人に共通するのは、仕事にせよ、趣味にせよ、新たな人や物事と接する機会を意識的に習慣化していることです。読書、セミナー、学習会、交流会、食べ歩き等々、新たな出会いが毎日・毎週・毎月起きるようにしましょう。

## ☑ 笑う門には福来る

「出世」する人には、いつも明るく上機嫌な人が多いという特徴もあります。

困難な状況でも希望を失わない。だから、その壁を乗り越えていけるのですが、忍耐力の強さだけでなく、何とかなる、いい風も吹くという楽観性が根底にあります。

私が尊敬するYさんは、突然の異動で新たに学校給食調理業務の委託を進める責任者となりました。委託に反対する人は多く、さぞかし辛い状況だろうと思ったのですが、ご本人は「現場を回っているんだよ」と楽しそうに笑っていらっしゃいました。そして、たった1年で長年の懸案であった委託に道筋をつけたのです。

この成功には、信念や能力以上に、Yさんが「必ずできる」と笑顔を見せながら、メンバーに伝え、力づけたことが大きいと感じていました。**業界や地域での活動でも、「明るい人」には声がかかり、人が集まる**ものです。

もちろん、「出世」する人の中には、厳しい表情の人もいるでしょう。自他への厳しさがその人を「昇任」させるのですが、「昇任」後は苦しくなってきます。考えてもみてください。いつもため息ばかりの人の下で、部下はやる気が出るでしょうか？

ぜひ、仕事を面白くし、楽しく仕事をして、いつも明るく上機嫌で仕事に取り組んでみてください。心配ばかりするより、いいことがきっと増えてきます。

なお、拙著『公務員1年目の教科書』『公務員の「異動」の教科書』では、「錆びない自分」のつくり方・磨き方をご紹介しました。参考になれば幸いです。

CHAPTER 1

# 6 人より早く動き、多くを学ぶ

## 係長になるのはデキる主任？

①「主事として仕事がデキる人が、主任になる」
②「主任として仕事がデキる人が、係長になる」

この2つの考え方は、それぞれ正しいでしょうか？

昇任試験がある自治体の場合、主任職昇任試験の合否は択一試験・論文試験・人事評価で決めるのが一般的です。要するに、当日の試験の点数とともに、現在担当している仕事の優秀さが昇任の基準となっています。

小学校のカリキュラムを終えたから中学校に進学するのと同じ理屈であり、こうした昇任の基準を人事用語では「卒業基準」と呼びます。①は正解です。

一方、自治体の規模にもよりますが、係長職昇任試験から先は、択一試験・論文試験・人事評価だけでは決まりません。面接が行われたりするのは、そのためです。

学校で言えば、高校・大学と同じです。入試により、高校生・大学生となるにふさわしい学力等があるかを判断されます。これを人事用語で「入学基準」と言います。

②は、間違いとまでは言えないものの、それだけでは不十分ということです。**「出世」と言われるような役職への昇任は、「入学基準」**であるということをよく理解する必要があります。「すでに課長の仕事をしている者が課長になる」とは、田中和彦著『42歳からの上司のルール』(明日香出版社)の最初の項目のタイトルですが、このことを端的に示しています。

## 「チャンスは備えあるところに訪れる」

細菌学者パスツールの名言です。ご存知の方も多いでしょう。

係長以上の昇任は「入学基準」だと書きました。エキスパート・スペシャリストをめざす場合にも、また、業界や地域での様々なご縁も、その機会は周囲から「任せられる」と思われている人に訪れる点は同じです。

ポイントは、そうした人たちは、その役割を担う**ずっと以前から、準備を重ね、心構えを磨いている**ということです。「あすなろうとは、口先だけの男だ」とは武田信玄に仕えた名将・内藤昌豊が残したとされる言葉ですが、「あす」ではなく「いま」水面下で具体的な行動を積み重ねているものです。

私自身を振り返っても、アルバイト・サークル・ゼミも含めた若いうちの様々な成功や失敗の経験が、今すべて活きているとよく思います。というか、事に当たっては、これまでの経験・引き出しをフル動員してやっていくしかないのです。デキる人たちも、見ていると全く失敗しないのではありません。**成功からも失敗からも、若いうちから早く多くを学ぶから、成長力が2倍にも3倍にもなる**のだとわかります。

特に、反応と実行のスピードを磨けるのは若いうちです。責任ある立場になってからは自重することも必要になりますから、まずは、スピード感を高めながら、幅広い経験を積み、自分の中の引き出しを増やしていきましょう。

# 7 「初志」を忘れず、進化を続ける

## 「持続する意志」の大切さ

組織内の昇任にせよ、業界や地域での活躍にせよ、「出世」するには、また、「出世」した人には、実績が求められます。

松下幸之助さんは「世に言う失敗の多くは、成功するまでに諦めてしまうところに原因がある」と言っていますが、実績を出すには諦めずにやり通すことが大切です。29頁で紹介した、偶発的な出来事をチャンスとして捉えることができる人の特徴の2番目は「持続性」でした。何事もやり抜くには強い意志が必要ですが、強くても続かなくては持続性にはつながりません。持続性は「持続する意志」の賜物です。

皆さんは、入庁・入所したとき、また現在の部署に異動したときの「初志」を覚えているでしょうか？　それは自分がここで働く原点ですから、ぜひ思い出してください。そして、今の自分の仕事を見つめ直してみましょう。目の前の仕事に追われながらも、高い意識を保って大事なことをやり抜いていくための原動力となります。

私は納税課時代、メンバー全員で市税収納率の向上に努力しましたが、それは日々雑多な仕事が山積する中でも、「税収の確保と公平な税負担の実現」という初志を忘れずに、目標達成に向けて必要な努力を積み上げることに他なりませんでした。

エキスパート・スペシャリストをめざす人もその知識・技術を磨き続けなければなりませんし、業界や地域で活躍するためにも仕事と家庭の忙しさの中でテーマを持って取り組んでいく必要があります。日常の忙しさに埋没しないで、めざすものを追い続けるためには「持続する意志」が不可欠です。

## ☑「持続する意志」の簡単な磨き方

では、「持続する意志」を磨くには、どうしたらいいでしょうか？

私は、飽きっぽく意志が弱いので、２つのことを続けています。

**1つは、決めたことを必ず毎日続けること**です。私の場合、毎朝のトイレ掃除です。家で一番汚いところを掃除すると、雑然とした心の中もスッキリとしてくるのですが、続けることで自信がつきます。何を続けるかは人によるでしょうが、できれば、誰かのためになることがいいでしょう。

**もう1つは、自分のめざすものを書き留めて、それを毎日見ること**です。いわゆるミッションステートメント（生涯にわたる具体的な目標と行動計画）が一番ですが、若いうちは可変要素が多く、考えるには無理もあります。まずは、自分の信念・価値観を端的に表す「座右の銘」を見つけるのがオススメです。

私の座右の銘は「猛く貴く」ですが、迷うときも拠り所となる、そんな自分にぴったりとくる言葉を見つけてください。その言葉が、ブレそうになる自分を支えてくれます。手帳等に書いて毎日見ると、次第に自分の意識に刷り込まれます。

## ☑ 自分の知らない自分を大事にする

座右の銘を持ち、ブレない自分をつくっていくことは大切ですが、一方で、未知の自分との出会いを大事にして、柔軟に自分の幅を広げていくことが大切です。

私は、以前は自分は暗くて悲観的な人間だと思っていました。それが今では自分は楽観的な人間だと思っています。1つはピンチがあっても「何とかなるさ」と思っている自分に気づいたこと、もう1つは「いつも元気でいいね！」とメンターや周囲の人に言われ続けてきたうちに、自分でもそう思うようになったからだと思っています。

自分に対する自分のイメージを「自己概念」と言いますが、それを高めていくには、**①自分に向き合い、自己啓発を重ねることと、②他者からのフィードバックを受けることが大事**です。

仕事の向き・不向きや得意・不得意もそうです。私は、元々は税務に興味はありませんでしたが、仕事に向き合っているうちに面白くなっていました。庁内でも、市税徴収は私の専門だと思われています。仕事の中で能力は開発されていきます。

ボストン大学のダグラス・ホール教授は「プロティアン・キャリア」（変幻自在なキャリア）を唱え、①アイデンティティ（自分らしさ）と、②アダプタビリティ（適応力）が特に重要だとしています。幅広い異動がある公務員にとっては、柔軟に動ける適応力を高めておくことが、自分らしさを発揮するためにも不可欠です。

# 8 「人」と「縁」を大事にする

## チャンスは「人」が運んでくる

公務員のキャリアは、一直線にはいきません。

たとえば、「福祉分野で第一人者となる」と決意したところで、福祉部門に異動できるとは限らないし、異動できてもいずれ違う分野に異動することになるからです。

そんな中でも、専門家として長くその部門で活躍する人がいます。業界や地域での経験・人脈が活かせる部署への異動となる人もいます。一方では、希望部署へ異動となりながら、すぐに他部署へ異動となり、そのまま定年を迎えた先輩もいました。

そうした差は、どこから出てくるのでしょうか？ 私のメンターの一人で総務部長を務めたMさんは、「評価は人がするものだ」「人を大事にすることだ」と口癖のように仰っていました。

自分らしくキャリアを切り拓いていく基本は、**①自分の「したいこと」、②「できること」と、③組織から「期待されること」の3つの輪を広げ、特にその重なる部分を大きくしていくこと**です。そうすれば、たとえ希望とは違う異動となっても、何らかの形で能力・経験は活かされ、不本意なことは減っていきます。特に、誰かに何かを期待するのは「人」に他なりません。チャンスは「人」が運んでくるものであり、ピンチを救ってくれるのも「人」です。

公務員は、組織的にも業種的にも地域的にも、かなり固定的で濃い人間関係の中で仕事をする職業です。その中では、プラスにせよ、マイナスにせよ、人間関係が積み重なっていきます。それをよいものにできるかが公務員の一生を左右します。

## ☑「縁」は天からの賜りもの

人との出会い、仕事との出会いは「縁」ですが、「縁」にはいろいろなものがあります。良縁もあれば、悪縁もあるでしょう。しかし、どちらも一期一会の自分だけの

「縁」なのです。どちらも大事にすることが、難しいけれど大切なことです。

Mさんは、自分とは考え方が違う人や一見「仕事がデキない」と思われるような人との関係を特に大事にしろと仰っていました。また、組合役員になるのも何かの縁、他の人が得られない貴重な経験となるからしっかりと頑張るようにと仰いました。

人や仕事の「縁」とは面白いもので、当時、「何でこんな目に遭わなけりゃならないんだ！」と思ったような人間関係や仕事こそが、その後の自分に大きく役立ち、そのいくつかが未来を拓いてくれるものとなりました。難しい上司・先輩に仕えた経験こそが、自分の幅を広げてくれるものです。また、そういうときに、どう働いたかを上司も人事はよく見ているものです。

「縁」をつかめるかは、多くの場合、一瞬の判断にかかっています。見逃さないようにしましょう。合理的な判断力に加えて、直観的な決断力も必要になります。

## ☑ 公務員におけるピンチとチャンス

「出世」する先輩たちを見ていて、また、私自身の経験からも思うことは、公務員にとっては「ピンチはチャンス」「チャンスはピンチ」であるということです。

たとえば、大型プロジェクトに携わったり、難しい上司の下で働くことになったりしたとします。大変なピンチですが、そこでの働きは必ず高く評価されるチャンスです。一方、昇任や抜擢は、大きなチャンスに見えますが、必ず厳しい仕事が待っているため、大きなピンチでもあります。また、仕事の評価も、管理部門では「デキて当たり前」の減点主義、逆に現場では「頑張った点を評価する」加点主義と感じるときもあります。加えて出向の場合には、組織の看板を背負っていることになります。

「出世」する人たちは、そこを間違えません。だから、チャンスにあって慎重さを失わず、ピンチにあって好機を活かすことができるのです。どちらにおいても「リスクを取る」ことが求められ、「肚を決める」ことができるかが大事です。「決断」とは、わからない中でも他の選択肢を「決意して断つ」こと。**「出世」する人たちは、逃げずに修羅場と向き合うことで、若いうちから「肚」を練り続けています。**

クランボルツ教授の、偶発的な出来事をチャンスとして捉えることができる人の特徴の5番目は「リスクテイキング」です。往々にして業務・チームの危機と個人の転機は重なるもの。好機を捉え、危機に処するには、リスクへの対応力が不可欠です。

# 9 「みんな」が先で「自分」は後

## 公務員版「Xの悲劇」？

「自分のことばかり考えやがって！」「あいつ、また目立とうとしているよな」

公務員の世界は「出る杭は叩かれる」世界。スタンドプレーは嫌われます。大きな目的のためならば、嫌われることも覚悟の上という場合もあるでしょう。現在、私が担当している行財政改革なども、その1つかもしれません。けれど、ただ嫌われるだけでは、信頼関係を大きく損なって悪影響をもたらすだけです。

私が、かつて他の自治体の知人から聞いた「Xの悲劇」という話があります。ミステリーの名作『Xの悲劇』（エラリー・クイーン）ではなく、私が聞いたのは、ある自己中心的な管理職X氏の末路についての話です。

上昇志向が強く、業務ではダメ出しばかりしているくせに、成果が上がれば自分の手柄、ミスが起これば部下のせいにしていたX氏は、管理職となったものの、周囲にそっぽを向かれ、ある事件に際してかつての部下たちからの協力を得られず、窮地に陥って心身を損なってしまったのだそうです。怖いけど、ありうる話だと思いました。

ちなみに、「Yの悲劇」という話もありました（笑）。こちらは、小心者で責任を回避し続けて、しかし上司にべったり引っついて昇任した管理職が、重要なポストに就いたはいいが業務を回せず、進退窮まったという話だそうです。

「自分が前に出る」「自分を守る」、どちらにも共通するのは「自分」のことだけ考えていたということだと思います。「人間だもの」、働く動機はいろいろでしょう。しかし、やはり、私たち公務員は、何をするにもまず「公益のため」ということが第一です。特に、優秀な人たちこそ、高く飛べる翼に見合う自制心が必要になります。

## 「みんなのため」が「自分のため」になる

そうは言っても、もちろん、「出世」する人たちもまた、自分の利益を考えないわけではありません。「この仕事をやりきれば評価される」「今、この成果を上げることが昇任に有利になる」、そういうこともしたたかに計算しています。

けれど、先ほどのX氏・Y氏とどう違うかというと、市民・自治体全体の利益（公益）と、関係者・職場の利益（共益）と、自らのメリット（私益）を必ず両立させていて、**私益はあくまで公益・共益の結果だと考えている**ということです。

いつも公益を考え、共益も実現して関係者や職場の協力を得て事業を進めて、結果、大きな成果を上げる。それらを自ら進めながらも、決して自慢せず、いつも「みんなの力だ」「メンバーに恵まれた」と言っている。そんな人が「出世」していくのを見てきました。本当にメンバーの力があってこそできるものですし、それに、誰が考え、苦労して舞台を整えたかは、わかる人にはわかるものなのですから。

「自分のためだけでは動かない」と律し、そう周囲に信頼されれば、ムダな摩擦はなくなります。だからこそ、「出世」する人は成果を出すことに集中できるのです。

CHAPTER 1

# 10 業界活動は「わらしべ長者」

## 最初は小さなことから

「業界活動」と言ってもピンとこないかもしれませんね。業務を超えて自治体の関係者の中で行う活動を、この本では業界活動と呼んでいます。

業界活動には、他自治体のメンバーも参加する自主研修活動の主宰・運営、研修所や大学などでの講師、省庁や都道府県の委員会等の委員、業界誌での執筆、学会誌への論文の発表、書籍の刊行など様々なカタチがあります。

全国的に活躍されているスーパー公務員の皆さんも、誰もが最初は無名からスタートします。その中で、コツコツと取組みを重ねたり、広域的なネットワークづくりに汗をかく中で、ご縁があってテレビや新聞、雑誌、ウェブなどのメディアに取り上げられて活躍の場が広がり、広く世に名を知られるようになったのです。

こうした展開は、私は「わらしべ長者」に似ていると思っています。ご存知のとおり「わらしべ長者」は、会う人たちに持っているものを差し出していく中で、お礼をいただき、最終的に長者となる童話です。出会った人の求めに応じて自分が持っているものを惜しみなく提供していく。その繰り返しが道を拓いていくところが、業界での「出世」にとても似ているとは思いませんか？

## 「転機」は突然やってくる

ただ、業界での「出世」につながる「転機」は急にやってきます。

たとえば、ビッグプロジェクトへの参加依頼、メディアからの取材、寄稿のオファー等です。**前日までは予想していない話が舞い込んできたときに、その「転機」をつかめるか、そこが業界での「出世」のポイント**です。

誰もが、急に大きな話が来たら驚きます。やりきれる自信もありません。そういう中でも、腹を括って前に進めるか。また、ただでさえ忙しい中で、周囲の理解・協力を得られるか。それは、それまでに培ってきた経験や信頼にかかっています。

私の場合も『公務員1年目の教科書』（学陽書房）の執筆依頼も、連載「教える自分もグンと伸びる！　はじめての新人育成」（月刊『地方自治職員研修』2017年4月号～2018年3月号、公職研）の依頼も突然で、いつにも増して忙しい時期でした。そんな中で初めて企画案を考え、草稿を作成していきます。内心は自分の書くものが果たして読者に受け入れてもらえるか、かなりドキドキしていました（この本もドキドキですが……笑）。**足りない分を努力する覚悟で、乗るか反るか**です。

業界活動の根本は、業務とは違うフィールドでの自己研鑽や、自治体関係者全体に向けた還元・恩返しの気持ちです。「チャンスは備えあるところに訪れる」（パスツール）と言いますが、コツコツと活動を積み上げて、突然やってくる「転機」を逃がさない。「出世」する人たちには、だから「運がいい」人が多いのだと思っています。

## 「係長になるまでは職場で言ってはいけない」

私が東京・多摩地域の研究会への参加を許された際に、故・松下圭一先生（法政大学名誉教授）から念を押された言葉です。

組織にあって一匹狼としてやっていくなら、そこまで考える必要はないのかもしれません。しかし、**昇任等との両立を考えるなら、組織風土を踏まえてそうしたことも考えておく必要があります。**業務外の活動に対する見方は、自治体・職場によってかなり違います。寛容な組織、推進・奨励している組織もあれば、そうした活動に否定的な目を向ける組織まであり、それもある活動には寛容な一方、別の活動には厳しいなど、その内容や程度は様々です。

松下先生のお言葉は、若い私が著名な方々や先進的な取組みに触れる中で増長しないようにという戒めの言葉でしたが、それだけでなく、ときに組織が厳しい目を向け、反発や警戒されて、昇任等に差し支える場合があることへの注意でもありました。

現在では、自主研の参加者も増え、様々な場で活動・活躍する公務員が増えています。しかし、公務員全体ではまだまだ少数です。特に、昇任と業界活動を両立しようと思うなら、その空気を読みつつ、したたかに味方・理解者を増やしていきましょう。

# 11 「世に出る」ことで広がる世界

## 「世に出る」ことの手応え

ここまで、「出世」する公務員の考え方について書いてきました。

昇任またはエキスパート・スペシャリストとなる組織内での「出世」と、業界や地域での「出世」は重なり、自分を新たな次元に連れていってくれます。

「信頼」を積み重ね、よい形で「名が知られる」ようになれば、多くの方の協力が得られ、それ以前とは比べられないほど、仕事が格段に面白いものとなってきます。

これが「世に出る」ことの手応えです。しかし、逆に悪い形で「名が知られる」ようになれば、様々な形で弊害が出てきます。これまでのように、目の前の業務に励むだけではどうにもなりません。地道に、信頼を積み上げていくしかないのです。**異動**

**しても、その評判は組織・業界・地域に伝わっている**ものです。別の言い方をすれば、十数年働いて何も伝わっていないことはありません。プラスの評価がないならば、マイナス評価だけが伝わっていると考えるべきです。

しかし、考えてみれば、誰もが自らの名前で生きているのですから、これは当然のことです。社長、自営業、士業、職人の人たちは、みんな、自らの名前を看板にして生きています。首長、議員もそうです。公務員は、組織の壁が厚いので、個人の名前が見えにくいだけです。いや、このネット社会では様々な形で名前が「世に出る」ものですし、自治体の組織内では、もともと人事評価がされています。

「世に出る」ようになると、ダイレクトにいろいろな手応えが返ってくるようになります。厳しいときもありますが、その手応えは格別です。

## ☑「井の中の蛙」であった自分を知る

実際には、「昇任」しただけでは、大して「名を知られる」とは限りません。

「出世」すれば、自治体の世界や地域での、「本当にすごい人たち」に接する機会が格段に増えます。そうすると「井の中の蛙」であった自分に否応なく気づかされます。多少なり「出世」してからが、公務員としての「本番」の幕開けなのです。

私の場合、企画政策課で市制施行50周年記念事業を担当したことが、地域で「名が知られる」転機でした。お世話になった地域のリーダーたちのすごさに愕然とし、少なくとも働きで負けてはいけない、人一倍汗をかこうと思ったことを覚えています。管理職として納税課で市税徴収率の向上に取り組む中でも、徴収業務をリードする各自治体の名物課長・係長と言われる方々、そして、東京都主税局のメンバーと接して、大きな衝撃を受けました。管理職としての働き方を模索しているときだったので、特にS部長・F部長（当時）との出会いは一生の財産だと思っています。

**「本当に手応えのある仕事をしたい」、そう思うならば、自分なりの「出世」をめざすべき**です。昇任に限らず「出世」は「自分の活きる場所」をつくっていくことにつながり、その手応えが「出世」に伴う苦労を吹き飛ばしてくれるでしょう。「本当にすごい人」たちとの「縁」が、あなたをさらに磨き上げてくれます。

## 1 学者となる・政策を研究する

佐藤　徹先生
（高崎経済大学教授）

1967年大阪生まれ。大阪大学大学院国際公共政策研究科修了。高崎経済大学地域政策学部・大学院地域政策研究科教授。博士（国際公共政策）。専門は行政学、公共政策学、都市政策、政策評価、市民参加・協働論。かつて大阪府豊中市の政策推進部、公害対策部等において都市政策や環境政策等を担当。2003年4月から高崎経済大学へ。同大学地域政策研究センター長等を歴任。2012年から自治体政策経営研究会を主宰し、自治体職員とともに実践的研究や交流を重ねる。内閣府、総務省、自治体等の公職多数。

# 都市や政策に関する知識を有し社会に貢献する人材を育てる

**――これまで、どのような研究・教育・活動に携わっていらっしゃいましたか？**

研究としては第一に、政策の形成・評価・優先順位づけなどの行政経営に関する研究です。第二は、市民参加・協働による政策形成やまちづくりに関する研究です。第三は、種々の都市問題に関する公共政策の評価分析です。教育面では、都市政策・都市行政、公共政策に関する専門知識と問題意識を有し、社会に貢献できる人材の育成をめざしています。社会的活動としては、国や自治体の委員をはじめ、自治体政策経営研究会を主宰し、行政職員の人材育成にも務めています。

**——研究職を志したきっかけ・動機は何ですか？**

研究職を志して大学教員になったのではありません。気づいたら大学教員だった、というのが実感です。役所では、条例や計画の策定を担当することが多かったです。当時の上司が仕事にひと区切りがついたら、必ずそれを文章にまとめていました。それにより、業務を俯瞰したり事後評価したりできるわけです。彼らは、論文を業界誌に投稿したり、学会で発表したりして、それを私にも推奨しました。周辺にそうした上司や先輩が少なくとも三人はいました。私には、そういう姿が眩しく輝いて見えたのかもしれません。

**——それらの活動により「世に出る」ことで得たもの、そのために必要なものは何ですか？**

役所の中にいては到底遭逢しなかったような人々との出会いに加え、学生たちの成長に立ち会えることは教員として何よりの幸せです。また、アカデミズムに身を置く研究者としては、研究上の知見を発表してこそ、同分野の研究者に評価されます。公共的問題の解決に寄与しても、学会ではあまり評価されません。Publish or Perish（研究書や学術論文を出版するか、さもなければ死するか）という言葉がありますが、シビアな世界に身を置いているからこそ、行政や政策を批判的に考察ないし評価できます。

**——これから「世に出る」若手職員に向けて、一言エールを！**

同じ釜の飯を食らう仲間は大切ですが、似通った思考パターンに陥りがちです。一定の自信と実力がついてきたら、組織の外に出て、他流試合を行うこと。また、権力者側に身を置いているという自覚を持ち、市民目線で行動してほしいです。

CHAPTER

2

# 「出世」前にしておきたい10のこと

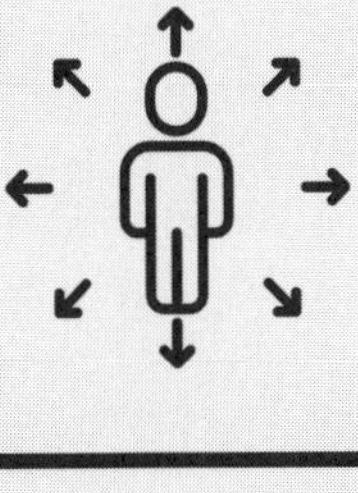

CHAPTER 2

# 1 「明るさ」と「礼儀正しさ」を武器とする

## 「出世」の扉を開くために

「出世」する前に、ぜひ身につけておきたい、経験しておきたいことがあります。

1つには、それらが「出世」の道を拓くきっかけになるからです。そうしたことができてくると「出世」の扉が開きやすくなります。

さらには、「出世」後に備えて、今から意識しておくべきだからです。それらを身につけるには時間がかかりますが、早いうちから努力していれば心配はいりません。

私も「ああ、このことを若いときに知っていれば！」と思うことが多々ありました。

この章では、そうした10のことを説明していきます。

## □「明るさ」は武器になる

「出世」前にしておきたいこと、その第一は「明るさ」を武器にすることです。復興庁事務次官を務めた岡本全勝さんの著作『明るい公務員講座』（時事通信社）では、「明るさは最大の武器」とされています。「職場で楽しく仕事をするこつ、そして出世するこつ。それは『明るさ』です」「あなたにとっても職場にとっても、明るさが、仕事を進める際の一番の武器です」と述べられています。

一緒に仕事をするなら、いつもニコニコと機嫌がいい人がいいか、それとも、いつもしかめ面で愚痴ばかりこぼす人のどちらがいいでしょうか。もちろん、前者ですよね。だから、明るい人には「縁」が集まります。そうした人は職場を活性化させてくれるので、組織としてもありがたい存在です。

「明るさ」が大事なのは社会人のイロハであって、当然だと思うかもしれません。しかし、「明るさ」を武器とするということは、単に性格や振る舞いが「明るい」のとは違います。**仕事の攻撃・防御の道具として、場面に応じて効果的に使うことができる**

ということです。たとえば、自分の体調が悪くても、家族と喧嘩した後でも、朝、職場で明るく声をかけられるか。仕事でミスをして上司に厳しく叱責された後でも、部下からの相談に明るく応じられるか。議論が行き詰まって険悪な雰囲気になったとき、話題を変えて場を明るくできるか。それが「明るさ」を武器にするということです。

私には痛い失敗があります。私がイライラしているのをメンバーが気遣って報連相を受けるのが遅くなり、リカバーに苦労する羽目になったのです。「出世」する中では、手応えのある仕事が増える一方、面倒事も増えます。だからこそ、厳しい場面で「明るさ」を武器として使えることが大事です。

そして、「いつも元気だな！」「君がいると場が明るくなる」と言われるような存在になりましょう。そこまで磨けば「自分ブランド」となります。

## ☑「礼儀正しさ」は最強の武器

キングスレイ・ウォード著『ビジネスマンの父より息子への30通の手紙』（新潮文庫）では、「礼儀正しさに勝る攻撃力はない」と書かれています。

「礼儀正しさ」は相手に好感を抱かせ、それにより仕事がスムーズに運ぶからです。

それだけでなく、「礼儀正しさ」は、大きな防御力ともなります。「出世」する中では、どんな人格者でも、妬みを買うことがあります。誹謗中傷を受けることもあるかもしれません。しかし、礼儀正しく、品行方正であれば、多くの人はそれを信じず、傷を受けることはありません。逆に、そうした人物への嫌がらせは、多くの人に嫌悪感を抱かせてしまい、やった側こそが大きなダメージを受けることになるからです。

「世に出る」ことになれば、知人が増えます。自分は相手を知らなくても、相手は自分のことを知っているという場合が増え、**様々な場面で、様々な人からその挙動をチェックされる**ことになります。

「礼儀」は相手への敬意を言葉・所作で表したものですから、様々な場面での自然な「礼儀正しさ」は多くの人の目と耳に残ります。いつも「礼儀正しく」あること。そういう人物であるとの評判を得ること。少なくとも「あいつは礼儀も知らない」と言われない。そう心がけて日々積み重ねることが、あなたの武器となります。初対面の挨拶、お世話になったとき、お見送りの仕方などに気をつけるとよいでしょう。

「礼儀正しさ」は最強の武器。「出世」前に必ず身につけておくべきものです。

CHAPTER 2

# 2 「当たり前の行政スキル」を身につける

## 「当たり前」は見えにくい

昇任するにせよ、業務外の活動に励むにせよ、「名が知られる」ようになる中では、いろいろなことが起きます。

一番多いのは、周囲からの「ちゃんと仕事もできないのに」という非難です。あれこれやる前に「当たり前」のことをしっかりやれよ、というのは多くの人が自然に抱く感情でしょう。

このため、昇任したり、業界や地域での活動を本格化させる前に、**中堅職員として、課長・係長等として「当たり前」のスキルを、ひととおり身につけておく**ことです。

ただ、何が「当たり前」かは暗黙知ですので、必ずしも明確ではありません。何が

「当たり前」として求められるのか、よく先輩方を観察しましょう。トラブルが起きたときなどに、それがクッキリと浮かび上がります。

また、これらのスキルは、「入所10年目ならば当然できるだろう」と、そうした業務の経験がなくても、当然のように求められることに注意が必要です。何が「当たり前」かは、自治体によっても、職種・職場によっても少しずつ異なります。

前著『公務員の「異動」の教科書』では、中堅職員に求められる「ワンランク上の仕事術」として8つのスキルを挙げました。①条例を改正する、使える文書を作成する。②予算を確保する、コストを削る。③要望に対応する、クレームに対応する。④上司を説得する、メンバーの協力を得る。⑤他課と調整する、関係機関と連携する。⑥業務を改善する、施策を立案する。⑦市民に説明する、計画を策定する。⑧組織に通じる、人事を理解するの8つです。参考になれば幸いです。

## ☑「できる」ことをどう伝えるか

「当たり前」のスキルを、ひととおり身につけていることは「出世」の要件です。

しかし、その中には担当したことがない業務もあります。たとえば、庶務業務を担当したこともないのに、どうやったら契約事務がひととおりわかっていると、周囲に認められるようになるでしょうか？

これには2つのアプローチがあります。

**①基本は、しっかり決裁すること**です。きちんとチェックができていれば、あなたが実務上のポイントを押さえていることが伝わります。逆に言えば、ミスを見逃すことが続けば、業務知識が不足しているだけでなく、上司としてチェックする能力も足りないことを露呈してしまったことになります。ミスを見逃したことがわかったら、繰り返さないように勉強し直しましょう。

もう1つのアプローチは、**②聞かれたときにしっかり説明してみせること**です。このためには水面下の努力が必要です。根拠を調べて、わかる人にポイントを聞いておくことです。そのためには、誰に聞けばいいのかを普段からチェックして、「先生」を見つけておくことが不可欠です。

「出世」前に、「先生」を探して「当たり前」のスキルを身につけておきましょう。

CHAPTER 2

# 3 「一歩」ずつ「人並み」から踏み出す

## 「抜群」であるために

「出世」をめざすならば「人並み」から抜け出していかなければいけません。

「抜群」の字のとおり、「群」から抜け出た存在であることを、目に見える形で示すことです。能力や信頼は目に見えませんから、実績で示す必要があります。

昇任であるならば業務の成果、業績や新たな考えを業界に示して問うならば論文、地域活動ならば大きなイベントの成功等の**「目に見える」実績を3回出しておきます。**

なぜ3回かというと、1回や2回では、「まぐれだ」という声が必ず出るからです。

なお、「まぐれだ」と言われても、いちいち反論するのは得策ではありません。自分の功績を針小棒大に誇張しているように見られると、かえって周囲に受け入れられなくなります。評価する上層部等も、あなたには器量がないとみなすでしょう。

「まぐれだ」「運がよかっただけだ」などと言われたら、「本当にそのとおりです」と言っておけばいいのです。実際のところ、「運に恵まれた」という部分は必ずあるのですから。自らをそう戒めておけば、増長して失敗することもありません。

その代わり、もう2回、高い実績を出すことに集中します。前任者やライバルを超える実績を3回出せば、「まぐれだ」という声は自然と消えていくでしょう。そして、あなたの謙虚で真摯な姿勢を認めてくれる人も増えてくるはずです。

## 「一歩」ずつ抜け出ていく

ポイントは、「群」の中から「一歩」ずつ抜け出していくということです。

ほんのわずかな差では、抜け出ているかどうかわかりません。しかし、**一気に二歩も三歩も抜け出ようとすれば、無理が出る**ものだからです。自戒を込めて忠告します。

最初の「一歩目」は、新人として同期に対してつく差です。「新人」(Startar)から「独り立ち」(Player)へと、早く職場になじみ、指示されたことをしっかりこななして見せればよいのです。次の段階の仕事が早く回ってくるでしょう。

「一歩目」は、5年目程度までの若手の中での差です。「一人前」（Main Player）として、基本的な業務を迅速にミスなくこなし、中核業務を任されるようになってきたかです。たとえば、国民健康保険給付業務の「月報」、市税徴収業務の「徴収実績調書」のように業務全体の要となる仕事を早く任されることをめざしましょう。そうすれば、後で抜擢を受ける可能性が高くなります。

「三歩目」は、「一人前」と「主力」（Leading Player）の差です。たとえば、重要な計画の策定、条例の制定の担当者などになることですが、ただその業務に従事したというだけでは「三歩目」になりません。**他の若手が携わった場合に比べて、あなたがどう「一歩」踏み込んで課題解決を具体的に進めたかが大事**です。そのためには、3年先を描いて当初から動いていくような働き方が必要となります。

3年先を見据えた働き方については、拙著『公務員の「異動」の教科書』が参考になれば幸いです（STEP3「2か月勝負！　業務を覚える、3年先を描く」）。狙うのは、ホームランではなくて、スマッシュヒット。堅実な、しかし、鮮やかな「一歩」を意識しましょう。業務外の業界や地域での活動でも、考え方は同じです。

## ☑「成果」を独り占めしてはいけない

その上で、その成果は、チームで出し、チームで共有するのが一番です。

自分一人だけで出せる成果はどんなにすごく見えても、チームで出す成果に及ばないことは、知っておくとよいでしょう。

なぜなら、あなたがめざすのは「出世」だからです。昇任ならば、組織で成果を出すことが求められます。関係者や地域での活動でも、職場にそれを理解して応援してくれる人が不可欠です。だから、チームのために、**チームのメンバー全員の成果となるものの実現に力を尽くす**ことが、一番の成果となります。

そして、その成果をメンバー全員のものとして共有すること。具体的には、たとえ、自分が全部お膳立てしたのだとしても、メンバー全員、一人ひとりの働きに感謝し、感謝を口にすることです。縁の下で支えてくれた人も含めて全員に対してです。

そんな実績を出したチーム、そのときのメンバーとの絆は、大きな財産となります。

# 4 注目される「若手リーダー」となる

## まずは地道に汗をかこう

「出世」するためには、注目されることも必要です。

どんな成果を上げても、見てもらえなければ評価・信頼にはつながらないからです。

しかし、まずは地道に汗をかきましょう。公務員の世界は「出る杭は叩かれる」世界。中身がないのに目立っては逆効果ですし、地道な努力は誰かが必ず見ているからです。「本物」の人物こそ、そうした姿をよく見ています。

私が、畏れるべきと思う同期のYさん。年下の同期ながら、自然と「さん」付けになってしまう、絶対に手を抜かない努力の怪物ですが、最初は職場での上司・先輩の評価はあまり高くありませんでした。しかし、隣の職場のF部長は、早くからYさんに注目していました。そして、朝早く出勤し、気遣いを忘れず、根拠を踏まえて仕事をするYさんが、いずれ組織を担う「人財」となるだろうと仰っていたのです。

地道にしっかり仕事をする。それが地力を高め、結果として注目される土台です。

## 若手をつなぐ「リーダー」になる

その上で、もう一歩注目される存在になるにはどうしたらいいでしょうか?

ズバリ、**若手をつなぐ存在（ハブ役）となる**ことがおススメです。

業務・活動の中核として、次代を担う人材として、組織も業界も地域もいつでも若手を求めています。若手に参加したり、取り組んでほしいことが必ずあります。しかし、若手との接点は年々少なくなるので、若手をつないでいる人に注目が集まります。

このため、若手をつなぎ、多くの人に声をかけられる存在となれば、自然に注目を集めます。様々な情報や様々なご縁もそうした人を通るようになります。たとえば、同期の飲み会の幹事役である、それだけでも意味があります。

しかし、どうせ若手をつなぐ存在となるならば、若手の中でリーダーとなることをめざしてみてください。リーダーに注目が自然に集まるというのもありますが、より重要なのは若いうちにリーダー経験を積んでおくべきだからです。「もっと若いうちにリーダー経験を積んでおけばよかった」と後悔している先輩は少なくありません。

昇任するにせよ、エキスパートとなるにせよ、業界や地域で活動するにせよ、仕事とチームをリードできなくては、チームで業績を上げたり、仕事と活動を両立したりすることはできません。リーダーシップは「出世」には不可欠です。しかし、役所は年功序列ですから、若いうちからそうした経験をする機会はあまりないのです。

どうやったら人と物事を、それも自ら動くようにしていけるか。リーダーシップを身につけるには時間がかかるため、若いうちからやっていくのが一番です。具体的には、同期会の幹事をやる、勉強会を始めてみる、イベントを立ち上げる、プロジェクトや活動の責任者を務める。そうしたことが、いい肥やしになります。

## 「意識高い系」と思われたくない

「でも、『意識高い系』と思われたくないし……」

注目されることも必要だよという話をすると、若手からよくこんな言葉を言われます。周囲の目線って気になりますよね。「何頑張ってるんだよ」「そんなにして偉くなりたいのかな」なんて揶揄を受けることもあります。私の場合、「あいつは副市長になりたいんだ」という噂をまかれたこともありました（苦笑）。

そんな若手には、私は**「だから、一人の一歩より、みんなの一歩としてやることが大事なんだよね」**と自戒を込めて言っています。一人でやろうとすると変に目立ってしまう。ならば、初めから数人でやるようにすればいいのです。同期や若手に声をかけて、誘い合っていけば、周囲からの目の圧力も人数分の１になります。

ただ、「出世」をめざす皆さんには、そうしたレベルをぜひ卒業してほしいと思っています。昇任すれば、ときには周囲が反対しようともやらなくてはいけない場合が出てくるからです。業界や地域での活動でも、ある程度目立つのは避けられません。

「群」の中にいる「心地よさ」と「安心感」。でも、そのままでは「自分らしさ」は発揮できません。勇気を持って一歩ずつ、「群」の前へ踏み出してみてください。

CHAPTER 2

# 5 「自分の仕事」をカタチにしていく

## 語れる「自分の仕事」はありますか？

「これまで、あなたはどんな仕事をしましたか？」

そのように問われたら、あなたは何を答えるでしょうか？

よく若手から聞く答えは、異動履歴です。何課何係に何年いたかですね。もう一歩進んでいる人は、どんな業務を担当してきたかを答えてくれます。

経験年数と経験部署・担当業務を聞けば、その人の職場での位置はだいたいわかります。ただ、率直に言えば、「自分の仕事」をそのようにしか答えられないならば、自分は通常業務をこなしているだけだと思わなければならないと思います。自分なりに意識して工夫・改善していれば、もう少し語れるものがあるはずだからです。

入庁して10年を超えたら、行政のプロとして、人に語れるような「自分の仕事」をいくつか持ちましょう。その仕事こそが、あなたの「看板」「名刺」となります。

たとえば、納税課ならば、市税収納率やその順位をどれくらい上げたか。そのために自分は具体的に何をしたのか。また、地域の自治体で初めて自動電話催告システムを導入した効果とか、業務改善を進めて残業を○○○時間削減したなどです。

こういう実績は、成り行きで実現するものではありません。**公務員は3年程度で異動するため、3年先を見据えた働き方が必要**です。異動当初にポイントをつかみ、何をすれば抜本的な課題解決になるのか、それをどのように実現するのかを描きつつ、上司・チームを巻き込んで進めていくことが大事です（参考／拙著『公務員の「異動」の教科書』STEP3「2か月勝負！　業務を覚える、3年先を描く」）。

## 「自分の仕事」を語る、書く

さらに一歩進んで、語れる「自分の仕事」を見えるカタチにしていきましょう。

「昇任」に向けた実績やエキスパートとしての知見が認知されるためにも、業界や地域での活動を業務で十分な実績を出しながら行っていると認められるためにも、そうした実績が目に見えるカタチとなっていることは大事です。

最低限のところは、「施政方針」や「主要な施策の成果」等の重要な行政文書に記載される取組みになっているということです。しかし、それらには多くの取組みが載っているので、「わかる人にはわかる」ものでしかありません。

ならば、どうするのか。ズバリ、**「賞の受賞」や「テレビ・新聞・業界誌での報道」を実現する**ことです。賞に応募したり、記事を寄稿したりしていきましょう。注目される取組みを行っていれば、業界誌から取材や原稿依頼を受けるようになります。

小金井市納税課の場合、大幅な市税収納率の改善が、東京都主税局長からの感謝状贈呈につながり、その取組みを都の部長にご助言いただいて『東京税務レポート』（東京税務協会）に寄稿したことで、見えるカタチとなりました。そして、それらを市長が語ったり、各地から視察を受けたりする中で、庁内でも認知されるようになっていきました。ある程度狙いをつけながら、機会を捉えて、足跡を残していくことが大事です。それが、チームの雰囲気の改善にもつながります。

CHAPTER 2

# 6 新人・後輩に仕事を「任せ・きる」

## 人材育成は「出世」の要件

「出世」をめざすならば、必ず人材を育てて仕事を任せなければならない。この項で伝えたいことは、それだけです。しかし、それが本当に難しいのです。組織内の「昇任」もエキスパートとしての活躍も、業界や地域での活動も、それがうまくいくかは、人を育てて仕事を任せられるかにかかっています。なぜならば、大きな仕事は自分一人ではできないし、今いるメンバーの現在の実力だけではできないものだからです。

人材育成は、若手にとって、自分と相手をマネジメントし、リーダーシップを発揮して業務と育成を進めていく重要な機会でもあります。若手（Main Player）が中堅

（Leading Player）に成長していくための鍵の多くは、人材育成の中にあります。

公務員の生涯賃金は、一口に「3億円」と言われます。人材育成にはそれだけの価値があります。担当業務で最大のものと思い、全力で取り組むことが重要です。

## 「信頼せねば　人は実らず」

「やってみて　言って聞かせて　させてみて　ほめてやらねば　人は動かじ」

山本五十六のこの言葉はご存知ですよね。では、この言葉の続きは知っていますか？

**「話し合い　耳を傾け　承認し　任せてやらねば　人は育たず**

**やっている　姿を感謝で　見守って　信頼せねば　人は実らず」**

多くの人が「やってみて」を人を育てる要諦だと勘違いしていますが、ご覧のとおり、それは「人を動かす」ためのものです。人を育て、実らせる要諦は「任せて信頼すること」であると、山本五十六は言っています。指示して仕事を「やらせて」も、それだけでは人は育たないのです。

特に、新人には「業務のやり方」だけを教えてはいけません。私は「3D新人育成」と呼んでいますが、**①業務のやり方を中核に、②公務員としての基礎的なマナー、③基本スキルの3つの次元での指導・育成が必要**です。それらをきちんと身につけさせないと、教えた業務しかできない指示待ち職員になってしまいます。

基礎的なマナーのうち、特に挨拶の仕方や報連相はよく教えてあげてください。また、基礎的なスキルでは、行政通則・財務等の行政の基本ルールと事務処理について、特に目を通しておくべき例規・要綱等を具体的に教えてあげるとよいでしょう。教えることが、自分自身のマナーや知識を見直して固め直すことにもなります。

## ☑「任せ・きる」ことで人財を育てる

人材には「人財」「人材」「人在」「人罪」の4つがあると言われますが、公務員の「人財」とは、どういう人を言うのでしょうか?

私は、業務とチームをリードして、市民の暮らしとまちづくりの向上に寄与する職員のことだと思っています。人材育成は、そうした「人財」づくりのためのものです。

人材育成を成功させるためには、①全力で向き合う、②マナーと基本スキルも身につけさせる、だけでは足りません。**仕事を「信頼して任せる」ことで、新人・後輩の中に「MVP」(ミッション・ビジョン・プライド)を育むことが必要**です。そのためには、皆さんが自分の「MVP」を見せて感じさせることも大事になります。

博報堂大学編『「自分ごと」だと人は育つ』(日本経済新聞社)は、「任せる」には、「任せて・みる」と「任せ・きる」の2つがあるとしています。「任せて・みる」はいつもチェックして不足する部分を指導していくこと、「任せ・きる」はイチから任せて本人の気づきを支援していくことです。「任せて・みる」だけでは、新人・若手の自主性と自信は育ちません。「任せ・きる」ことが必要です。

「任せ・きる」ことは、自分との闘いです。答えは言わず、傾聴に努める中で相手に気づかせるのが基本です。大変ですが、「任せ・きる」中で「自分でやったほうが早い病」を克服でき、自分の仕事もガラリと変わります。

傾聴はカウンセラーが学ぶ専門性の高い技術です。ただ「うんうん」と聴くことではありません。それを学ぶには、福原眞知子監修『マイクロカウンセリング技法』(風間書房)がおススメです。何度も読み、実践して1つひとつの技法を身につけていきましょう。あなたの強力な武器になります。

CHAPTER 2

# 7 「土台」となる活動の場を持つ

## 「二枚目の名刺」を持っていますか？

「自治体職員がプロボノをはじめ、職場外でさまざまな活動に参加することは、ＮＰＯ支援や地域活性化だけでなく、本人の人材育成・スキルアップにも大きな効果が期待できる」（月刊『ガバナンス』２０１７年12月号）。

さいたま市職員の島田正樹さんはこう言い切ります。市職員とは別に、特定非営利活動法人「二枚目の名刺」で「公務員×二枚目の名刺プロジェクト」を進めている中での実感がこもっています。私も同感です。むしろ、職場外での経験の広さと深さが、公務員人生の後半を楽しく充実したものにしてくれると思っています。

「二枚目の名刺」を持つということは、職場外での活動について、社会的に意義がある継続的な活動であり、自分が責任ある役割を担っているということ、そして、それが公務員としての信頼を損なわないことを示せるということです。

私の場合、「二枚目の名刺」は、長年続けている地元小金井市での薬物乱用防止の市民活動「子ども達を薬害から守る実行委員会」のものです。また、メンバーである東京・多摩地域の研究会で事務局長を務めた間はそれも名刺に書き入れていました。

かのドラッカーも「パラレルキャリア」と言いましたが、**主となる職業の他に、もう1つのキャリアをしっかりと持っておくことは、キャリアの自律性を高める**ことにつながります。個人的な活動ではなく、「二枚目の名刺」をめざしましょう。

## 活動の始め方・続け方

職場外での活動を、「出世」につながる「パラレルキャリア」として意識的に行っている人は多くないと思いますので、活動の始め方・続け方について少し説明します。

活動の内容は、社会的にニーズと意義があれば何でもいいです。私の「三枚目の名刺」は、入門的なワイン会の主宰者というものです。趣味の会に過ぎませんが、これからワインを楽しみたい、楽しみながら基礎的な知識も知りたいという人のために細々と続けています。長年続けていれば、それも人に問われ、語れる活動となります。

その上では、任意の私的な活動よりも、消防団、青年会議所、NPOのメンバー、職員団体（労働組合）、地域のイベントの実行委員会などの公的な団体・活動におけるもののほうが、もともとの団体・活動の信用と相まって「名刺」になります。

活動を長年続けるには、自分に向き合って、何が一番大事か、何は譲れないかをよく考えておくことが大切です。それが、健康・仕事・家庭等の幅広いライフ・キャリアの中でどう関わっていきたいのか、いけるのかを迷うときの羅針盤となります。

実際のところ、ある活動を長年続けていると、多くの活動とも交わり、お誘いも受けて、活動の幅は広がっていくものです。しかし、すべてはできません。**「意義を感じられる活動」「大事な仲間との場」**を大事にしていくとよいと思います。

## ☑「オフサイト」が「土台」となる

活動は、それ自体に意義があり、その仲間との関わりも含めて楽しいから行ったり続けたりするものです。その上で、プラットホーム（土台）として活用していきましょう。

職場外の「オフサイト」、つまり、業務ではなく、ただの茶話会でもなく、その中間的ものとして、信頼できる仲間と本音で、ときに真剣に話せる場は、幅広い人たちと継続的につながっていくプラットホーム（土台）になります。

たとえば、若手で行う勉強会は、メンバーである同年代だけでなく、講師等として招く上司や他自治体・地域の方々、声をかけて参加を募っていく後輩等との接点になります。私の場合では、地域活動でお世話になった方が都内自治体の職員で、のちに仕事でもお世話になったことが何回もありました。

また、地域でのイベントには首長や部長等も参加します。スタッフとして参加していると、職場ではなかなか言葉を交わす機会はなくても、そうした場では気軽に話しかけてくれます。そうした方々の目や考え方に触れる貴重な機会です。

活動は、知名度を上げるために行うのではありません。目立とうとするあざとさは、すぐに伝わります。しかし、いい活動をする中では、その場を幅広い方々とつながっていく継続的な機会として活かしましょう。揺るがない「地盤」となります。

CHAPTER 2

# 8 「立ち上げ」「運営」で苦労する

## 「初めての仕事」で真価がわかる

「初めての仕事を何回やったことがあるか、必ず聞くんだ」

お世話になっているある自治体の部長Sさんに、「難しい仕事を任せる人を選ぶときは、どうやって選ぶのですか?」と伺ったときの答えでした。

「長年働いていれば、職場で新たな事業や組織を立ち上げなくてはいけないときが必ずある。にもかかわらず、ほとんどそうした仕事をやってこなかったということは、能力が低くて任せられないか、責任感がないから避けてきたかのどちらかだからね」とS部長は続けました。

私の経験でも、若いうちにそうした取組みをしていない人が、中堅や管理職になってから急にできるようになった例は見たことがありません。私自身についても、毎年のように新たな仕事に取り組まされたことが、財産になっています。住基ネット、国保税の差押え、市制施行50周年記念事業、長期総合計画の目標設定とむしろ新たな取組みをしなかった年がないのですが、そのお陰で新たな取組みを抵抗感なく、自分からも進めていけるのだと思っています。

新たな事業に取り組む中では、想定外のことも起こります。このため、潜在的な能力だけではどうしようもありません。**能力を発揮するための「肚の据わり」や様々な課題を克服するための「引き出し」は、若いうちから場数を踏む中でつくられます。**

新たな事業や組織の立ち上げに携わった経験は必須です。状況や立場の違いも大きいので、ぜひ3回ぐらいは経験できるよう、機会を捉える努力をしましょう。

## ☑ 時間が足りない。ではどうするか？

「創業と守成はどちらが難きか」とは、『貞観政要《じょうがんせいよう》』にある中国の唐の太宗とその家臣たちの問答です。

「創業」、つまり仕事で言えば「立ち上げ」も難しいですが、「守成」、つまり仕事で言えばそれを引き継いで継続的に「運営」していくことも大変なことです。むしろ、「立ち上げ」は勢いで成し遂げられる面もありますが、継続的な「運営」は平常時にあって課題を捉えて安定的に成果を出していく必要があり、実際にはより困難です。特段の人員・予算等が配分されない中でやっていかなければならないからです。

しかし、平常時とは言っても、個々の課題や対応を要する状況の変化があります。通常戦力でそれに対応していくためには、経営資源であるヒト・モノ・カネ・時間・情報を「やりくり」しなければなりません。スクラップ&ビルドよりも積極的に、**必要な対応を新たに行うために既存の取組みを大きく見直していくビルド&スクラップの発想と実践が必要**になります。また、リーダーシップを発揮して、見えにくい課題を「見える化」し、メンバーを巻き込み、チームを動かしていくことが不可欠です。

非常勤職員の活用、作業行程の省力化、特にシステムやPCの活用による自動化はノウハウが必要です。若いうちに取り組み、「引き出し」を増やしておきましょう。

# 9 「十年来の仲間」を各方面につくる

## 若いうちの「縁」が財産になる

「出世」する先輩たちを見ていると、付き合いの幅の広さと深さに驚かされます。各方面のキーマンと旧知の仲であり、忙しい中でそうした関係を築き、維持していることが「魔法」のように思えたものでした。

ヒントをくれたのは、メンターとして尊敬するA先生でした。「みんな、若い頃からの付き合いさ。若いうちの仕事・遊び両方の付き合いが大事なんだよ」。それから、私も、業務だけでなく研修や地域活動も含めて仕事でご一緒した人、何かの場で一緒に飲んだ人とのご縁を大事にするようにしてきました。

「出世」する中では、より困難な仕事をより効率的にこなしていくことが求められます。また、内外の調整等「人」の要素が増えてきます。その世界のキーマンを知り、その協力を得ることができれば、「人知り三百両」（上杉鷹山）と言われるように、自分一人が働く数百倍の価値を生み出せます。「十年来の仲間」は「出世」の要件であり、そのためには若いうちから長年かけて育ててきた信頼関係が大事です。

大事なのは、**①初対面で1つ印象づけること、②相手のプロフィールを覚えること、③折に触れて接点を持つこと、④信頼関係を積み上げること**です。①多くの出会いの中で自分を覚えてもらうためには印象的な何かが1つ必要です。それがあれば「ああ、○○の△△さんね！」と思い出してもらえます。②相手を覚えることは必須ですが、そのためにも名前以外の情報もセットで覚えるのがコツです。③相手との親近感は接触回数に比例します。④大事なのは期待に応える、その信頼です。たとえば時間を守ること。コツコツと積み上げましょう。失うのは一瞬です。

## ☑ 5年後・10年後をイメージする

以上が人付き合いの「基礎編」だとすれば、ここからが「応用編」です。

ズバリ、**各方面の「面白い若手」を見つけ出して、その動向に注目しておきましょう。**「将来、この人と仕事や活動を一緒にやったら面白いだろうな」と感じる人です。自分が無理なくウオッチできる範囲で、その人数は多いほうがいいです。

私の場合、①組織、②業界、③地域それぞれについて、こんな感じでめざしてきました。まず、①組織では若手60人。小金井市の職員数は700人弱、そのうち若手は300人ぐらいとして「2：6：2の法則」に準じて。②業界では東京・多摩地域で100人。東京・多摩地域30市町村について各自治体2〜5人ぐらい。③地域では500人。人口12万人なので数百人では少ないと思いつつ、数千人はとても無理なので。そうした人たちと本当に一緒に仕事することになるので不思議です。

もちろん、これだけの人と個別・同時にはお付き合いできません。しかし、土台となる場とタイミングを大事にしていると、いろいろと接点ができるものです。

いずれそうした人たちは「出世」し、活躍の場を広げていきます。同様に「面白い先輩」に注目してお付き合いしていると、そうした方が自分の上司になるものです。

# 10 「ギリギリの自分」を高めていく

## 「ギリギリの自分」と向き合う

あなたが、一番忙しかったときはいつですか？

そのとき、あなたはどうなりましたか？　今、同じことが起きたらどうですか？

長い公務員人生では、「ギリギリの自分」と向き合う場面が必ずあります。特に「出世」して、組織・業界・地域で活動の場を広げ、新たな役割を担って「大きな仕事」をするようになる中では、なおさらです。

たとえば、大きなプロジェクトを任されたとき、仕事・活動の重要な局面と健康・家族の問題が重なったときなどです。私も、企画政策課時代には、仕事が爆発して徹夜続きとなる中で、妻の出産と子育てと父の介護が重なって、気がおかしくなりそうになりました。ただ、それまで自分なりに土壇場をくぐった経験と、妻やメンバーのサポートのお陰で、そうした中でも自分なりに頑張り通せたのだと思っています。

逆に、先輩・後輩を見ていると、いつも自分が無理なくやれる範囲の仕事しかしていなかった人の中には、結局のところ、土壇場に弱く、体調を崩してしまった人もいます。**能力が高くても、精神的な安定を損なえば、その能力は発揮できません。**

長い公務員人生、特に「出世」していく過程では、必ずピンチが訪れます。そのときのために、「ギリギリの自分」に向き合っておきましょう。そうすれば、「ああ、自分は○○が不安なのだな。じゃあ、○○について取り急ぎ確認しておこう」というように、自分の心の動きを客観的に理解して、混乱せずに対応できるようになります。

## 「譲れないもの」は何か?

人生には、ときに厳しい状況があり、その中で何かを選ばなければならない機会があるものです。たとえば、仕事か家庭か、仕事で何を優先するかです。

そうした「ギリギリの自分」に向き合う状況となったとき、**自分は何を大事にして**

**いて、何は譲れないのかということを理解していれば、後悔しない選択ができます。**

若手から相談を受けたときには、「キャリア・アンカー」のセルフ・アセスメント（自己チェック）をしてみることを勧めています。

キャリア・アンカー（キャリアの錨）は、マサチューセッツ工科大学のエドガー・H・シャイン名誉教授が研究・提唱した概念で、キャリア選択に関連する動機・能力・価値観を実証的にまとめたものです。①専門・機能別コンピタンス、②全般管理コンピタンス、③自律・独立、④保障・安定、⑤起業家的創造性、⑥純粋な挑戦、⑦奉仕・社会貢献、⑧生活様式の８つがあります。

「キャリア・アンカー」は、『キャリア・アンカーⅠ　セルフ・アセスメント』（白桃書房）でチェックできます。深く理解するにはキャリアコンサルティングを受けるのが一番ですが、セルフ・アセスメントでも自分を理解する大きなヒントとなります。

自分の基本的な方向性をよく理解しておきましょう。そうすれば、そのときが訪れても、後悔しない選択をすることができます。

〈表〉キャリア・アンカー

| | |
|---|---|
| ①専門・機能別コンピタンス | 特定の分野にこだわるスペシャリスト |
| ②全般管理コンピタンス | 組織全体の経営をめざすジェネラリスト |
| ③自律・独立 | 自由・裁量を最重要視 |
| ④保障・安定 | 生活の保障や安定を最重要視 |
| ⑤起業家的創造性 | 起業や独立を常に志向 |
| ⑥純粋な挑戦 | 今まで経験のないことへの挑戦を常に志向 |
| ⑦奉仕・社会貢献 | 人に役立つことを最重要視 |
| ⑧生活様式 | ワークライフバランスを最重要視 |

## 2 専門を極める・業界で活躍する

林 誠さん
（所沢市）

1965年滋賀県生まれ。1990年、所沢市役所に入庁、2018年から経営企画部次長。総務課、財政課、商業観光課、埼玉県庁への出向などを経験。所沢市役所で、経済を自由気ままに勉強する「経済どうゆう会」を主宰。50歳近くになってロックバンドを始めるが、周りからはコミックバンドと認知される。お笑い好きが高じ、M－1グランプリの予選に出場した経験がある（結果は惨敗）。中小企業診断士、通訳案内士。

# 役所の職員って、意外と何やってもいい存在なんじゃない？

**――これまで、どのような業務・活動に携わっていらっしゃいましたか？**

財政部門や商業観光部門、企画部門などです。埼玉県庁にも2年間出向しました。

内部事務が多かったのですが、商業観光部門にいた頃に、地域を盛り上げようと、身を削って頑張っておられる方々にお会いしたことが大きな転機でした。「ううむ、負けられぬ」と思いました。また、イベントを立ち上げ、自分が楽しんでしまうことが、そのまま仕事になるという喜びに目覚め、遊びと仕事の中間くらいの働き方が身についてしまった時期でもあります。

――「経済どうゆう会」の活動を始め、続けてきたきっかけ・動機は何ですか？

２つあります。

１つは、役所の職員はもっと経済に知識・関心を持つべきとの持論がありますので、その実践の場としての勉強会という意味です。

もう１つは、役所の面白い人、はみ出した人を集めたいという気持ちもありました。そして、そういう人がいるということを若手職員が知ることで、案外役所も面白いと思ってもらいたい、などという変てこりんな願望もあります。

――様々な資格もお持ちですが、そうした資格を取得するきっかけ・動機は何ですか？

こんなことを言ってはなんですが、役所の仕事が嫌で仕方がなくなって、異動できないのなら、どっか行っちゃおうと思い詰めた時期がありました。中小企業診断士の資格を取ったのは、これを取れば商業部門に異動できるんじゃないかと勝手に思い込んだからで、結果的にそのとおり異動できて役所にも残りました。

通訳案内士は、東京オリンピック・パラリンピックでお役に立ちたいという純粋無垢な思いから取りました。

社会人になってからの勉強は、記憶力も落ちていますし、時間もないしで苦しいですが、知らない知識に出会える喜びもありました。

――４冊もの、それも幅広い分野のご著書を書くきっかけ・動機は何ですか？

もともと、文章を書くのが好きなんです。

１冊目の『お役所の潰れない会計学』（自由国民社）は、きっかけも忘れてしまいましたが、一人でどんどん書いて出版社に持ち込んだところ、採用してもらえました。今から思うと、超ラッキーでした。2冊目以降の『財政課のシゴト』『イチからわかる！“議会答弁書”作成のコツ』（以上、ぎょうせい）『9割の公務員が知らないお金の貯め方・増やし方』（学陽書房）は、出版社の方からご依頼をいただきました。

**――それらの活動により「世に出る」ことで得たもの、そのために必要なものは何ですか？**

好きなこと、やりたいことをやらせていただいているだけなので、なんとも……。

ただ、新しい企画を立てたり、資格を取ろうと悪あがきしたり、文章をひねり出そうともがいていたりしていると、「できない自分」「駄目な自分」に出会うことができます。役所の中にいると、いろいろな人のおかげで、まあ何とかなってしまいますし、周りの方も立ててくれたりしますので、自分の「できなさ」を忘れてしまうことがあります。「俺って駄目だなあ」「取るに足らんなあ」と身に沁みる瞬間を持てるのは、悪いことじゃないと思っています。

**――これから「世に出る」若手職員に向けて、一言エールを！**

役所の職員って、意外と何やってもいい存在なんじゃないかと思っています。仕事をちゃんとやるのが前提ですが、人様に迷惑をかけない範囲であれば、はっちゃけちゃっていいんじゃないでしょうか。50歳過ぎて、ステージ上ででんぐり返りしている人間が言っているのですから、少しは信ぴょう性があるのでは……。

自分で限界をつくらないで、よかれと思ったことは、どんどんやってみたらどうでしょう。案外、周りも受け入れてくれますよ。

CHAPTER

3

# 「出世」する公務員の昇任対策

# 1 自分の置かれている状況を理解する

## かなり差が出る！ 世代による昇任状況

突然ですが、皆さんにクイズです。

「来年、昇任するのは何人でしょうか？」

「求められているのは、どんな人材でしょうか？」

そんなのわかるわけないと思ったあなた、そのとおりですね（笑）。今、それがわかるのは人事担当者だけでしょう。いや、急な退職や組織改正があるかもしれませんから、人事担当者だって正確なところはわからないかもしれません。

けれど、大まかな予想はできます。「彼を知り己を知れば百戦殆《あや》うからず」とは、『孫子』の有名な言葉ですが、昇任対策を進める上でも、「彼」「己」をよく知ることは不可欠です。まずは「彼」について考えてみましょう。

まず、近年の昇任試験の実施状況を押さえましょう。昇任試験の実施状況は、年1回公表される「人事行政の運営等の状況」によって知ることができます。選考区分ごとに受験申込者数・申込率・合格者数が記載されています。昇任試験を実施していない場合でも、昇任者数が辞令・内示で確認できます。

その上で、今後の増減について考えてみましょう。昇任見込人数は、退職者数及び行財政改革等によるポストの増減と連動します。もちろん、昇任に相応しい人物がいなければ退職者より昇任者が少なくなることもあります。部下のいない主査がライン係長に就くこともあります。一方、人材が揃っていれば、退職者以上の人数を昇任させることもあります。そして、行財政改革等によって、部署の新設や統廃合があれば、その影響を受けます。大体でいいのです。昇任者の増減傾向を押さえておきましょう。

ポイントは、**昇任者数は、時期によって大きく異なる**ということです。昇任試験を行っている場合には能力があれば処遇するというのがタテマエですが、現実には、先に述べたように退職者数とポストの増減によって大きく左右されます。

その結果、当該自治体の世代ごとの人数の差が大きい場合には、世代交代期とその端境期では昇任者数が大きく変わってくることになります。小金井市の場合、団塊の世代の職員数が多かったため、その世代交代期になる２００８年前後には退職する役職者を埋めるため、昇任試験を受けた職員の多くが昇任しました。一方、ほとんど役職者の退職者が出ない現在では、主任昇任試験の倍率は約5倍となっており、当面この傾向が続く見込みです。

今は世代交代期か端境期か。そして、次の世代交代はいつか。そうしたことを見据えておきましょう。合格者数が多くて試験は難しくないと受験を先延ばししていたら、数年後に端境期に入り、昇任者数が大幅に減少するということがあります。

## 自分はどんな位置にいるのか？

世代交代期なのか端境期なのかは、求められる人材にも違いをもたらします。

世代交代期には役職者の退職者分を大量に埋める必要があるため、現在の役職で優秀ならば合格する「卒業基準」の要素が強くなります。これに対して、端境期であれば就くべき役職に相応しいかという「入学基準」が強くなります。もっと言ってしまえば、昇任者数がごく少数という状況では、係長職への昇任試験であっても、昇任するのは将来の管理職候補と見なされた人物ということになってくるでしょう。

また、昇任する人材の経歴・強みのバランスを取っている自治体もあります。たとえば、今年度に財政出身者が昇任していれば次年度は企画出身者、総務出身者が昇任していれば人事出身者という具合だそうです。係長以上の昇任に差しかかっている場合には、そうしたことも念頭に置いておきましょう。

以上を踏まえれば、自分のライバルとなる人と自分の位置が見えてきます。ライバルに先輩が多ければ、自分は年若く経験が少ないということになります。それを補う実績や、年上の部下への対応力等が問われるだろうということが予想できます。

その上で「己」を改めて考えてみましょう。CHAPTER1・2で説明したような考え方と実績があれば、恐れることはありません。しかし、完璧にできているはずもありません。**何が強みで、何が弱みかを、自分に向き合って冷静に見つめ直してください。**

ただ、何もできていないということもありません。自信が持てない場合には、他の受験者と比較してみましょう。あなたが特に劣るということはないはずです。

# 2 「評価される仕事」で人事評価を固める

## 勝負は3年前から始まっている

大事な話ですので、よく覚えておいてください。

「出世」する人は、昇任する3年前から準備を始めています。

昇任で最も大事なのは、人事評価と職場からの信頼です。「出世」する人は、3年前から成果を積み重ね、選考を受ける年度に「評価される仕事」を任されています。それが高い人事評価につながっているのです。

あなたの部署には多くの業務があるでしょう。その中には比較的定型・定例の「通常業務」と、特段の対応を要する「困難業務」があるはずです。どちらも大事ですが、管理職から見れば、前者は誰でもできる業務です。そのため、しっかりとこなしても、人事評価は5段階の3（ふつう）にしかなりません。**人事評価は、そもそも「困難業務」を任されているかいないかで、最高点に大きな差がついています。**

以前、「業務が忙しくて試験勉強もできない。暇な部署に比べて不公平だ」と嘆く若手がいました。けれど、その人は人事評価の面では恵まれているのです。択一試験・論文試験の対策は短期間でも挽回可能ですが、担当業務は急には変えられません。

逆に言えば、比較的余裕のある部署で、「通常業務」をただこなしているだけでは、昇任は人事評価の面からはかなり厳しいものだと覚悟する必要があります。

## 「評価される仕事」とは何か？

もう少し、この点を掘り下げて考えてみましょう。

まず「評価される仕事」とは何かです。ズバリ**「昇任後の役割を果たせることを証明してくれる仕事」**です。

係長であれば、実務の責任者として係を統括し、上司を補佐し、部下を指導できるか。課長であれば、部署の長として通常業務をしっかりと回しつつ、施策の推進者として政策・経営課題の解決をマネジメントできるか。その一端につながる仕事が、昇任後にもつながる「評価される仕事」となります。

では、昇任の選考を受ける年に、どうやったら「評価される仕事」を任されるようになるでしょうか。基本的には、年度当初に、そうした業務を担当させてもらえるように上司に相談することです。上司は、自分の部下に昇任してほしいと思っているものですから、相談に乗ってくれるでしょう。

しかし、そこでモノを言うのがそれまでの実績です。これまで仕事に消極的で、必要な知識も不十分で、ポカが目立つ部下に重要な業務を任せる上司はいません。だから、**昇任試験の2年前に中核業務を担うことが、翌年度「困難業務」を任せられるかを上司が見極めるためには必要**です。そして、そのためには、その前年度、つまり3年前に比較的軽微な業務をしっかりこなして卒業している必要があるのです。

もちろん、「出世」する人も、あざとくそうした仕事を狙っているわけではありません。しかし、早い段階から「通常業務」をしっかりとこなすことをめざし、それができるようになってもそこに安住せず、「困難業務」を担うことを考えています。だから、上司としても安心して「困難業務」を任せることができるのです。

## ☑ 上司と「仲が良い」ことが大事？

「やっぱり、上司と仲が良いと昇任に有利なのでしょうか？」

あるとき、若手からそう聞かれたことがあります。上司と仲が良いことを自慢し、だから自分は昇任するんだと言っていた同期がいたようです。

「上司に信頼されていることは大事だね。けれど、実績と人望のない部下を推薦する上司はいないよ。仮にいたとしても、人事はそれを鵜呑みにするほど甘くないさ。しっかり仕事して、仕事で信頼を得ることが一番だと思うよ」と私は答えました。

昇任の選考において、課長や部長が「ぜひ昇任させるべき」「昇任させるべき」などの評価・推薦を人事に提出している場合があります。明確にそのような形はなくても、上司の推薦は1つの重要なポイントになります。

上司の推薦を得るために必要なのは、業務の実績と職場からの信頼です。そのためにいい仕事をしましょう。一方、**上司の信頼を損なうのは「裏表があること」**です。ご注意ください。

CHAPTER 3

# 3 スキマ時間で勉強時間を柔軟に確保する

## 「忙しくて時間がない」から合格しないのか？

ある自治体の人事担当の管理職と話していたときのことです。

「忙しくて、とても勉強する時間がない、だから合格できなかったという人がいる。気の毒ではあるけど、厳しい言い方をすれば、その人はまだ昇任に相応しくないということなんだよね。昇任すれば、忙しくても、その責任を果たすしかないんだから」

30代は公私ともに忙しい時期です。担当業務は質的にも量的にも大変になるのに、後輩の指導や上司の補佐も加わってきます。しかも、結婚・出産・育児等のライフイベントも重なります。私も、係長昇任の頃は、長期総合計画の策定その他の業務に終われる中、育児と介護のダブルケアに追われて、昼も夜もない有様でした。

ただ、それでも、先ほどの言葉はやはり一理あると思います。**昇任すれば、忙しい中でも仕事を進められることが求められる**からです。仕事と、業界や地域での活動を両立させようという場合は、なおさらのことです。

「仕事は忙しい人に頼め」という言葉があるくらい、「出世」していく人は大小多くの仕事を頼まれて多忙を極めているもの。にもかかわらず、実績を積み重ね、試験で好成績を出して昇任し、また、業界や地域の活動と両立していきます。

仕事も家庭も、一昔前よりもいろいろと忙しいでしょう。その中で昇任対策を進めなくてはいけない皆さんは本当に大変だと思います。けれど、これは昇任してからも続くこと。これを機会と考えて、忙しい中での時間の使い方に磨きをかけましょう。

## ☑ 忙しい中で試験勉強を進めるために

まず、考えるべきことは、試験勉強にかけられる時間はどれくらいかです。1日の、1週間の、どの時間を試験勉強に充てられるかを、具体的に挙げていきます。

忙しい皆さんがかけられる時間は、直前の一時期を除けば、せいぜい1日2～3時間でしょう。実際は、1日1～2時間を週3日も確保できれば御の字かもしれません。

これでは3か月間取り組んだところで、時間が全然足りません。早い時期から着手しましょう。最低で半年間、できれば1年前ぐらいから問題集に取り組み、必要に応じて参考書を読むようにすると、しっかりと頭に入れていくことができます。

しかし、勉強はメリハリをつけて集中して進めることも必要です。このため、勉強できるスキマ時間を見つけて取り組みましょう。通勤の電車の中などは基本ですね。私は、トイレや風呂の中でも問題集を解いていました。結構、はかどるものです。

その上で、まとまった時間は苦手な問題、模擬試験や論文・面接対策などに充ててじっくりと取り組みましょう。**スキマ時間と集中時間を使い分けて、試験対策を進めていくことが大事**です。そうです、仕事と同じですね。

ただ、どうしても時間がない場合もあります。そういう場合には、確保できる時間から逆算して、何を捨てて何に集中的に取り組むか、大胆に考えることが必要です。私の場合、頻出問題に集中してその正答率を高めることに集中しました。

# 4 択一試験は正答以外の4択を見極める

## 自分に合った問題集をしっかり選ぶ

択一試験対策で大事なこと、それは自分に合った問題集をしっかり選ぶことです。

たとえば、採用試験で専門教養（憲法・地方自治法・地方公務員法・地方財政法その他行政法）の試験があり、しっかり勉強してきた人ならば、すぐに実戦的な問題集に取り組むべきです。逆に、そうした勉強を全くしておらず、イチから学ぶ必要がある人は、参考書を読むことから始めなければならないでしょう。

問題集には、たとえば、学陽書房の問題集でも、次のとおり4つのタイプがあります。①『重要問題１０１問』のような1冊で憲法・地方自治法・地方公務員法・行政法の頻出問題を網羅した超コンパクトなもの、②『これだけで大丈夫！　地方自治法50問』のように分野別の頻出問題を厳選したもの、③『地方自治法101問』のように分野別に一定数の問題をまとめたもの、そして、④『これで完璧　地方自治法250問』のように分野別に幅広い問題を取り揃えたものの4つです。

**どの問題集がよいかを、自分の理解度や持ち時間に応じて決める**ことです。安易に先輩や同期と同じ問題集を選んでも、自分に合っていなければ効果はありません。

## ☑ めざすべきは必ず80点を取ること

合否判定が総合的であるかは、必ず確認しておいてください。筆記試験の点数だけでほとんど合否が決まるような場合、今後の異動先や昇任にも影響する場合には、何より高得点をめざす必要があります。

しかし、多くの自治体では、昇任試験の合否判定は総合的に行われています。この場合、筆記試験は一定点数以上を取ればよく、目安としては80点以上というところです。一定点数以下の場合を不合格としている自治体もあると聞いています。

このため、択一試験対策で重要なのは100点、90点を取ることではなくて、必ず80点を取ることです。多少のミスがあっても80点以上を取るには、どの程度の問題を確実に解けなければならないのかを、冷静に見極めることが必要です。

確実に80点を取るために必要なことは2つあります。1つは、**頻出問題を落とさないこと**。問題集では★の数などで頻出度が示されていますが、★★★と★★を確実に固めておきましょう。問題集を1回解いたら、★★以上で間違えたものは繰り返し解いて確実に潰しておくことです。試験直前には、もう一度確認しておきましょう。

もう1つは、★★以上の択一問題の、**正答以外の4つの選択肢の誤りがわかるようになる**ことです。試験当日に迷っても5つの選択肢のうち誤りとわかるものを外して選択肢を絞り込むことで、正答率を高めることができます。

なお、たまに択一問題対策にばかり時間をかけている人を見かけます。昇任試験の少なくとも1か月前からは、論文対策・面接対策にも十分な時間を取ることが必要になります。バランスよく対策を進めることが大事です。ご注意ください。

CHAPTER 3

# 5 論文試験は必ず3回は添削指導を受ける

## 論文での大幅減点に注意する

論文試験は、とても怖い試験です。

必要な論点が述べられていない、序論・本論・結論の構成がなっていない、用語が正しく使われていない、誤字脱字がある等々と、どんどん減点されていきます。

信じられないかもしれませんが、論文試験は、ある程度文章を書ける人でも20点・30点という低得点になってしまう場合があるのです。かくいう私も、係長職昇任試験の論文試験の点数は58点でした。論文の添削指導をしてきた経験があり、それなりに自信を持っていたつもりが、この有様です。皆さんもご注意ください。

論文試験対策は、1回ごとにかなり時間がかかります。当日の試験時間が120

分だとして、家での試験対策でも書くのに90分は必要でしょう。採点して、不十分な点を復習して書き直すのに、60分は取りたいものです。つまり、効果的な論文試験対策のためには、1回に2時間半もの時間が必要になります。これを最低でも3問ぐらいはやっておくことが必要です。

論文対策では、**まず採点基準を知っておくこと、それに応じた効果的な論文作法を身につけること**が必要です。この場合でも参考書選びが重要です。私のおススメは『昇任試験　採点者はココを見る！　合格論文の鉄則』（学陽書房）です。

論文に自信がない、どう書いていいかわからないという人は、まずは合格論文を書き写し、その解説を読むところから始めましょう。最低2問は書き写し、どのような順序で何を書けばいいかをつかんでから、問題を解いてみるといいです。

基本的には、①テーマの意義、②解決すべき問題の設定、③解決策の提示、④結論及び決意表明というように書き進めていきます。なお、当日は鉛筆かシャープペンシルで書くのですから、試験対策でも必ず手で書いていきましょう。

## 3回添削すると論文らしくなってくる

論文対策で重要なことは、必ず添削指導を受けることです。

それも、論文の添削指導経験のある管理職等にお願いします。職場の上司に相談してみましょう。自分で受けてくれるか、誰か適任者を紹介してくれると思います。適当な方がどうしても見つからない場合には、一緒に試験を受ける同期等と互いに添削し合うとよいです。その場合には1問を二人に見てもらい、双方を参考にしましょう。

私が添削指導してきた経験では、かなり文章を書ける人でも、最初の点数は50点もいかない場合がほとんどです。しかも、問題のテーマが変わってしまうと点数も大きく上下してしまいます。それが、3回も添削すると、どんどんよくなってきて論文らしくなってきます。論文の添削指導は、できれば3回以上の添削を3問受けるようにしましょう。そのためには論文対策に2か月はかけることが必要になってきます。

私が見てきた中では、論文試験対策が不十分で、その大幅な減点のために不合格となった人が少なくありません。択一試験以上に、論文試験対策は入念に行いましょう。

# 6 面接では「期待されていること」を答える

## ありがちな面接の「失敗」

「いい面接ができたと思います！」
「自分の強みをPRすることができました！」

面接を受けた若手からそうした答えが返ってくると、私は逆に不安になります。

昇任試験における面接は、そんな甘いものではないからです。面接には理事者等の上層部も参加して、ある程度、面接対象者のことを理解した上で、昇任に相応しいかを直接確認しようとしています。口先だけの受け答えが通用する場ではありません。

面接で重要なことは、自分に何が期待されているかを知ることです。そのためには、**①自分の強みと弱みに向き合うこと、②ライバルと自分を比較して自分が選ばれ**

**るのはどういう場合かを想定しておくこと、そして、③どんな質問に自分がどう受け答えすることで相手はそれを確認するかをよくよく考えておくこと**が大事です。

面接の基本的な対策として、特に大規模自治体の場合には、『誰でも身につく　昇任試験面接の合格術』（学陽書房）のような参考書で勉強しておくことが必要です。

しかし、それだけでは不十分です。繰り返しますが、口先だけの応対は通用しないからです。相手はあなたのことをよく知っていると考えて、自分のこれまでの言動や実績を踏まえた受け答えをしましょう。取り繕った回答を述べても、これまで自分はそうした行動ができていないならば、マイナス評価となります。

## ☑ 面接で見られるのは「言葉」ではない

参考書を読んで勉強すればわかると思いますが、面接で評価されるのは、その場の「言葉」ではありません。人柄・態度・考え方・能力そのものです。

たとえば、ある問題に対して、うまく答えられなくても、重く受け止めて考えている様子を見て、誠実であると評価することがあります。逆に、普段そうした行動ができていないのに、口先だけでペラペラしゃべることは、不誠実で自己理解が足りないと見なされます。また、表情や仕草からも、落ち着きの度合いなどが見られていいます。何気ない表情や癖が、マイナス材料だと見られてしまう場合もあります。

面接は「入学基準」の最たるものです。昇任に相応しい人物かを面接官も全力で見極めに来ている真剣勝負です。もし、あなたが他の受験者よりも若いならば、若くても抜擢に値するか、年上の部下を扱えるか。不足する経験を補う熱意があるか。さらには優秀なほど、謙虚さを持ち、様々な制約を抱えたメンバーをきちんと活かしていける度量の持ち主かを見極めようとするでしょう。しかも面接官は海千山千です。

誰もが自分の姿かたちを直接見ることはできません。必ず鏡を必要とします。同様に、面接の自分の受け答えが、そのような厳しい視線にどう映るのかも自分ではわからないものです。必ず管理職等にお願いして模擬面接を2回以上受けましょう。

通常、面接官は複数いるものです。質問している面接官だけに注意しがちですが、そのとき、他の面接官も厳しい視線で評価していることを忘れないでください。

CHAPTER 3

# 7 もし不合格となったら考えるべきこと

## 昇任できなかった！ 自分はダメなのか？

「昇任試験、不合格でした。合格した同期のあいつよりも、自分はダメだってことでしょうか？」

そう言って、すごく落ち込んでいる若手がいました。せっかく頑張ってきたのにと、自分を否定されたような気持ちになるのもわかります。昇任試験がない自治体でも、同期等が昇任し、自分は選ばれなかったことにショックを受ける人は多いと思います。

私も、大学受験で浪人したり、かつては教員をめざしていたものの、採用試験に何度も落ちたりしたので、その気持ちはわかるつもりです。頑張ってきた人ほど、気持ちを切り替えるのは難しいでしょう。

それでも、自分に向き合って、「残念だけど、今回は縁がなかったのだ」と割り切るしかありません。昇任試験の合格には人事全体の動き等も複雑に影響し、理由をあれこれ考えても仕方ない部分があるからです。

また、昇任は早ければよいとは言えない部分があります。CHAPTER 4『出世』後に待ち受ける落とし穴」で説明するように、「出世」後にはいろいろな試練が待っており、人によっては心身を損なうほどのストレス要因となります。**実績・人望・引き出しがある程度揃った「自分に相応しいタイミング」であることが大事**です。

こうしたとき、私は「文書の神様」Mさんを思い出します。Mさんは、早くから法務と組織に精通した方として知られていましたが、昇任はむしろ遅いほうでした。管理職を務めたのは情報課長・総務課長・総務部長の3つだけです。組織のために自分の能力を発揮することに集中し、組織もそのように用いた好例であったと思います。

管理職になってからは「異動希望」などというものはないのですから、自分の強みを磨き、組織からも認められ、適材適所で活用されることはとても重要です。

なので、必要以上に落ち込まないようにしましょう。あなたの人格・能力が否定されたわけではありません。「今回は単に縁がなかった」のです。

## ☑ 成長できるいい機会にしていこう

気持ちを切り替えたら、まず確認したいのは、択一試験・論文試験の点数です。合否通知と合わせて通知される場合は、その点数をチェックしましょう。得点が80点を割っているようならば、80点以上を取るために補強すべき部分を考えて、試験対策はその部分に集中して進めていきます。忘れるので、すぐ取り組みましょう。

次に、人事評価について合格者たちと比較してみます。もちろん、合格者の人事評価はわかりませんので、その担当業務と職場での役割、それが昇任後のポストとどう関係しているかを考えてみることで、おおよそのところをつかみます。合格者たちと比較して、自分の人事評価が低いと考えられる場合には、今年度はどのように「評価される業務」をしっかりと担い、また職場を上司の下で「成果を上げるチーム」とするために自分はどのような貢献ができるかを考えて、上司に相談しましょう。

筆記試験・人事評価は十分と思われる場合は、どうしたらいいでしょうか？　面接がある場合には、それがヒントになります。質問は何だったか、それで何を面接官たちが確認したかったのかを改めて考えてみます。特に自分だけにされた質問があれば、それが重要です。一般的には、**①自分の責任範囲を狭く捉えていないか、②業務とチームをリードできるか、③上司を補佐できるか、④部下を指導育成できるか**です。若手は、特に④で年上や困難を抱える部下への対応力が見られています。

## ☑ 3回挑戦しても昇任できなかったら

3回は目安に過ぎません。しかし、同期の主だった面々が昇任して、昇任するのが後輩ばかりとなってきたら、改めてよく考えたほうがいいと思います。自分は、本当に昇任したいのか、そして、昇任できるのかをです。

昇任試験には、現実的には世代ごとの選抜という面もあります。もちろん、たまたま筆記試験で得点が低かった場合もあるので、簡単に諦める必要はありません。ただ、従来の対策の延長上では、次回も昇任できる可能性は高くはないということになりますから、対策の仕方は根本的に見直したほうがいいでしょう。「出世」は昇任だけではありません。自分らしいキャリア(仕事と人生)を見つめ直す大事な機会です。

③

# 仲間と学ぶ・広くつながる

島田 正樹さん
（さいたま市）

2005年、さいたま市役所に化学技師として入所。2018年から都市局都心整備部東日本交流拠点整備課主査。1978年生まれ。2015年に「公務員キャリアデザインスタジオ」を設立。

小関 一史さん
（東松山市）

1993年、東松山市役所に入所。2017年から埼玉県都市教育長協議会事務局主幹（課長級）。2010年に職員べんきょう会を設立（後に Team 比企」に展開）、2015年に「公務員キャリアデザインスタジオ」を設立。

## 職場から、庁舎から飛び出してみよう！

**――これまで、どのような業務・活動に携わっていらっしゃいましたか？**

▼**島田**　環境政策に携わった後、内閣府に派遣され、今は駅周辺のまちづくりに携わっています。業務外では公務員キャリアデザインスタジオという団体やNPO法人二枚目の名刺で活動しています。最近では、これからの公務員の人材開発について探求するプロジェクトも立ち上げるなど主に〝公務員のキャリア〟という軸で活動しています。

▼**小関**　入庁以来、社会保険と教育分野を中心に担当し、現在は埼玉県都市教育長協議会事務局で運営事務局を担当しています。

2010年に自主研修グループ「職員べんきょう会」を設立し、現在では「Team比企」として関東内外に約500名のメンバーがいます。その他公務員キャリアデザインスタジオの設立等、様々な活動に関わっています。

**――「公務員キャリアデザインスタジオ」「職員べんきょう会Team比企」等の活動を始めるきっかけ・動機は何ですか?**

▶**島田**　入庁以来、職場や業界全体をとおして感じていた、公務員という職業に対する危機感です。「安定」や「9時5時」という側面だけではなく、仕事の中身にも魅力を感じ、熱意を持って公務員を志望する人を一人でも増やして、公務員をもっと元気で魅力ある職業に変えていきたいという思いで設立しました。

▶**小関**　2つの危機感がきっかけです。セミナー等で出会った他団体職員の高い知識と熱意、そして、当市には先輩職員数が少なく、スキルが不足した状態で職位が上がることを知ったことです。そこで、先輩から後輩への縦のスキルの継承と、他部署・組織に跨る横のネットワークによる「気づきとつながりの場づくり」を思いつきました。

**――それらの活動と業務・家庭等を両立させるために必要なことは何ですか?**

▶**島田**　まずは業務で効率的に働いてしっかりと成果を出し、家族との時間も確保した上で、外での活動のために〝時間という限られた資源〟をどのように使うか優先順位をつけることです。できないことはスッパリと諦めたり、必要であれば仲間を頼ることがとても大切です。

▶**小関**　課外活動をすることは社会人として必要な活動と意識し、時間の確保に努めています。

「こだわり過ぎない」「完璧を求めない」「仲間に任せる」「長い目で関わる」のスタンスを取ることで、課外活動が途切れないように意識することが必要だと考えています。

**――それらの活動により「世に出る」ことで、得たものは何ですか？**

**▼島田**　キャリアに対する自律的な意識です。市役所の中だけでなく、外でも自分の力を自分の意志で磨けることを知り、自分の意志で選んで市役所に勤めているという感覚を持てるようになりました。さらには、外で一緒に活動する多様な人とのつながりも大きな財産になっています。

**▼小関**　課外活動により庁舎の内外に知り合いができました。そのご縁から、わらしべ長者的に次々と機会をいただいています。参加者のためにやっていたつもりが、実は、私が「気づきとつながり」を一番いただいているのかもしれませんね。そして、このような経験から得たものは、職務に、特に管理職としての仕事に役立っています。

**――これから「世に出る」若手に向けて、一言エールを！**

**▼島田**　公務員はよりよい社会をつくりたくて働いている人が多いと思いますが、その実現には仕事に〝＋α〟の活動を組み合わせることが効果的な場合もあります。自らが望む社会を実現するなら、職場から社会に飛び出してみてください！

**▼小関**　僕が自主研修活動を始めたのは36歳で、遅いスタートでした。もっと早く外の世界を知っていたなら、今よりもっと充実したのではないかと思います。少しでも若いうちに「外には自分の知らない世界がある」と信じ、名刺をパスポートに、庁舎を飛び出すことをオススメします！

CHAPTER

4

# 「出世」後に待ち受ける落とし穴

CHAPTER 4

# 1 「脱線行為」の怖さを知る

## 公務員人生で一番危険な時期

長い公務員人生には、いくつかの危機があるものです。

自分や家族のケガや病気、育児や介護、職場の人間関係など、頭痛のタネはいろいろありますが、その中でも、私は「出世」直後が特に危険な時期だと思っています。

この章では、「出世」後に待ち受ける落とし穴について説明していきます。

「出世」後には、様々な人の思いが複雑に入り混じって、あなたを戸惑わせます。

期待を寄せてくれる上司、「出世」は早いと厳しい目で見ている先輩、お手並み拝見という冷めた同僚など、人によりあなたへの思いは様々です。「出世」後は、そうした思いが入り混じり、人間関係が特に複雑かつ不安定になります。

業界誌で大きく取り上げられたとか、本を執筆したとか、地域で大きなイベントを成功させたとか、業界や地域での「出世」も、周囲は複雑な目で見ているものです。

私の場合、経験者採用なので、年齢は重ねていても経験年数は先輩たちよりずっと早い中での昇任でした。私としては新たな役割を果たそうと必死でしたが、ガンガン行くほうですから職場のメンバーとしても戸惑ったでしょう。不徳の至りです。しかも、なぜか病気・育児・介護等のライフイベントとも重なりがちなものです。

こうした複雑で不安定な状況に対応するためには、**自分に関係する一人ひとりの期待・警戒・反発を書き出して「見える化」すると効果的**です。何に応え、誰に配慮すればいいかが、よく見えてきます。「出世」の影響はプライベートにも及びますから、家族や友人等の思いも考えておきましょう。

面倒なようでも、一人ひとりについて考えておくことが、ポイントです。

## ☑ 「強み」が「弱み」になる瞬間

さて、落とし穴の1つ目は、**ディレールメント（脱線行為）**です。

アメリカで研究された概念で、その名のとおり、期待されていたエリートが引かれていた線路（キャリア）から自ら脱落していくことです。たとえば、優秀な営業マンが管理職となった瞬間にパワハラを繰り返したなんてことが、これに当たります。

具体的な問題行動については後で説明していきますが、ここでは一番大事なことを押さえておいてください。**ディレールメントは、コンピテンシー（高い業績を上げる人の行動特性）の裏返しである**ということです。たとえば、「ブレない判断ができる」というコンピテンシーも、「人の意見を聴かずに自分の判断を押し通す」という問題行動につながりやすい場合があります。

自分の「強み」だと思っていたものが「弱み」になる。その怖さを肝に銘じておきましょう。役割が変わる中ではそうしたことが起こりやすくなりますが、「出世」直後の人間関係は複雑で不安定になりますから、特に危険なのです。その不安定さから自分が「強み」と信じるものに頼って押し通すと、「脱線」に向かって一直線です。積み上げてきた信頼を失い、空回りして心身を損なってしまう場合もあります。

## 定期的なフィードバックが鍵となる

ディレールメントに対処するには、セルフマネジメントが大事だとされます。自らを知り、律していくことは、確かに不可欠です。しかし、実際には、新たな役割を必死で果たそうとする中では、それがとても難しいのです。本来、自己統制力が高いはずの高業績者たちが、ディレールメントに陥ってしまうのはそのためです。

では、どうしたらいいのでしょうか。ズバリ、**信頼できる人に、自分がどう見えるかを定期的に指摘してもらいましょう。**自分では気づけないものは、人に教えてもらうしかありません。私も納税課長補佐となったときは、向かいにある市民税課や資産税課の先輩や若手にいろいろと教えてもらっていました。目と耳を増やすことです。

注意点は、指摘されたことは、一面的にはそう見えるのだと受け入れること。特に、言い返したくなるときこそ、当たっていると思ってください。反発したくなる指摘こそ、後で思えば、本当にそのとおりだったと後悔するような場合が多いものです。

CHAPTER 4

# 2 「出世は実力」と勘違いしない

## 「勘違いの虫」は何度でも退治する

「出世は実力だ！」

「自分はデキるから昇任したんだ！」

今どき、さすがにそこまであからさまな勘違いをする人は、あまり見なくなりましたよね。この本を読んでいる皆さんは、もちろん大丈夫でしょう。

昇任試験には、卒業基準の要素が幾分かあります。入学基準の側面が強い管理職昇任試験でも、係長としての人事評価も合否判定の材料に入っています。だから、昇任試験に合格したところで、本当に管理職としてしっかりやっていけるかは未知数です。合否を分ける「実力」なんて、上層部からすれば紙一重なものでしょう。

この本を読んでいる皆さんは、それはよくわかっていると思います。けれど、それでも、よくよく注意してください。「出世は実力」、つまり、**自分には「出世」に相応しい実力があるという「勘違いの虫」は、普段そう思っていなくても、気をつけているつもりでも、何度も何度もやってくる**困ったヤツなのです。正直に言うと、私は今でもこの虫に時々やられては反省しています。このため、「ちょっと勘違いしたかも」「また少し調子に乗ったな」と自覚しているくらいのほうが、私からすればむしろ安心な状態と言えます（苦笑）。

前項のディレールメントへの対処法と同じく、この点も信頼できる人に定期的にフィードバックをもらいましょう。無意識に、言葉の端々にそうした感じが出てきているときは、注意信号です。自分では、深刻な状況になるまでなかなか気づけません。

## キーワードは「感謝」

まあ、そうは言っても、自分なりに努力してきたし、意欲も能力もそれなりにあるはずだというのが、本音だと思います。それぐらいは、思っていてもいいですよね。

なのに、いつの間にか「出世は実力だ！」と勘違いが肥大してしまう。別の言い方をすれば、昇任試験に合格した自分が、落ちてしまった同期等よりも「上」だという意識をいつの間にかどこかで持ってしまう。それは、なぜなのでしょうか？

私は、その違いは**「縁」への感謝があるかないか**だと思っています。仮に係長職昇任試験に自分が受かって、同期の誰かは落ちてしまったとしましょう。でも、それはどちらが市民に役立つ仕事ができるかとは関係ない。たまたま、自分のほうが択一試験がよくできただけかもしれません。けれど、「縁」あって、自分が今回は係長になれた。だから、それに見合うように頑張ろう、いただいた機会を活かそう。そういう思いがある人が伸びていき、勘違いした人がトラブルに自ら陥っていくのを見てきました。

これは、特に業界や地域での「出世」では大事です。組織内での昇任の場合以上に、あなたを引き立ててくれた方の「縁」が大きかったはずだからです。

きっと、あなたは実力もあるから「出世」したのでしょう。しかし、ここから先は新たな役割＝未体験ゾーン。「出世」1年生だという自覚があなたを助けてくれます。

# 3 「部下は従うもの」とは考えない

## 部下が上司に従う「わけ」がない

「課長が命令すればいいんだ」

あるとき、そう言っていた若手がいました。

課内に、自分の業務をちゃんとこなさない職員がいるのですが、それに対して課長が「やれ」と命令すればいいというのです。皆さんなら、どう思うでしょうか？

問題は、命令を発すれば、その職員は命令に黙って従ってやるようになるのかということですね。私なら、命令は最後の手段だと考えます。正確に言えば、**命令に従わないことをもって処分するために、それとわかっていて命令を発する**のです。

私が尊敬するYさんはこう言ってます。「部下が上司に従わないとしたら、その部下にとって自分がその上司に従わなければならない『わけ』、つまり理由がないということなんだよ。理由を部下の中につくらなければならない」と。全く同感です。

今どきの部下は、上司であれば従ってくれるほど甘くありません。命令・指示する立場だというだけでは弱すぎます。職務上の権威・権限以外の影響力のすべて、正しいこと、頼りになること、やる気を引き出すこと、メンバーを信頼することなどが必要です。自分が相手を信じないのに、相手に自分を信じてもらうことはできません。

こうしたことに気づかずに、上司としての「立場」を押し出して部下への統制を強めようとする——。これはまさにパワハラの道ですね。「脱線」へ一直線です。

## 「部下」を1つのチームとする

では、どうやってメンバーの心の中に、信頼を築いていけばいいでしょうか？

基本的には、一人ひとりときちんとコミュニケーションを取ることです。一人ひとりに挨拶して、名前を呼んで、話を聴いて、その上でこちらの考えも相手に合わせて説明する。それしかありません。一人ひとりが自分の考えを持つ特別な存在であるということを忘れずに、関わっていくことです。少なくとも、その努力が大事です。

このため、昇任したらすぐにメンバー全員と面談することをおススメします。できれば、一人に30分ぐらい取りたいところです。そうすればいろいろな話を聴けます。

ただ、では上司が部下の一人ひとりとの関係を個別に築いていけば、部下は言うことを聴き、職場はよく回るようになるのかというと、そうはなりません。「上司の言うことを聴く」だけでは、いちいち上司が指示しなければ動かないということだからです。職場がよく回るようになるためには、メンバー一人ひとりが自ら、しかも他のメンバーと連携してチームとして動いていけることが大事です。

キーワードは「相互依存」です。仕事を進めるために、職場のメンバーがお互いにお互いを必要としているということがわかるように働きかけていきましょう。上司である自分との関係以上に、**メンバー同士の関わりに焦点を当てて、貢献があったら全員の前で褒め、無関心に振る舞ったときには個別に注意する**ことです。

ただし、仲良し職場に陥らないように注意しましょう。この点は次章「5 『創造的な組織』をつくる」で説明します。

CHAPTER 4

# 4 「前任者からの引継ぎ」は揺さぶってみる

## 前任者からの引継ぎの難しさ

昇任すれば、立場が変わります。前任者から新たな役割の引継ぎを受けるでしょう。新任である自分にとっては、引継ぎは情報の宝庫。そして、前任者は先輩でもあり、そのアドバイスは貴重です。しかし、ここにも落とし穴があります。

前著『公務員の「異動」の教科書』では、「ポイントをつかむ！　業務引継ぎの受け方」（62〜65頁）として引継ぎの基本を説明しました。概要は「業務の手順ばかりでなく、目的・根拠・注意点を押さえる」「よくあるミス・主なトラブルとその対処法を、質問してつかむ」ということですが、それだけではしのげません。係長・課長として、昇任直後に受ける引継ぎで特に気をつけるべきこととは何でしょうか。

それは、ズバリ、引継ぎはそのまま鵜呑みにしないということです。別の言い方をすれば、**引継書には通り一遍のことしか書かれていないと肝に銘じる**ということです。もちろん、所掌・予算等は問題ないですが、課題については特に注意が必要です。

なぜ、そんなことになるのでしょうか。3つ理由があると私は考えています。

①引継書は情報公開の対象になるからです。このため、引継書に書かれているのは議会答弁等も踏まえた公式見解です。細かい事情等はなかなか書きにくいものです。

②前任者の意識と能力です。人間、なかなか自分から失敗等は語らないもの。特に隠しているつもりはなくても、割引いた表現になりがちです。また、前任者にその課題の解決方法が見えていない場合には、書かれている内容はズレたものになります。

③前任と新任の微妙な関係によるものです。自分が解決できなかった課題を、新任が解決したら立場がない、そう考える人もいるようです。そのような場合には、問題点が実際以上に強調されたり、逆にやけにサッパリと書かれていたりします。

いずれにせよ、引継ぎは鵜呑みにしないこと。現実にはもう少し込み入った背景、紆余曲折の経過、そして関係者それぞれの思いがあるものだと考えましょう。

## 課題は現場の中にある

では、どうやって課題をつかんだらいいでしょうか。3つ方法があります。

1つ目は、**前任に引継ぎの際にいろいろ質問する**ことです。なぜそれが課題なのか、なぜ課題として解決されず残っているのか、同じことでも角度を変えて聴いてみます。

2つ目は、**引継書を読み込む**ことです。書かれていないことがあるにせよ、ある表現に落ち着いていること自体にヒントがあります。

そして、3つ目は、**課や係のメンバー全員に聴いてみる**ことです。すると、様々な事情や考えが明らかになるでしょう。食い違いがあるところ、そこがポイントです。

私が納税課で受けた引継ぎでは、市税収納率が他市に比べて低迷しているのは、景気のせいだと説明されていました。前任者の率直な思いだったと思います。けれど、十分ではありません。景気は他市にも同様に影響しているのですから。課題に対する特段の取組みがされなかったこと、できなかったこと。その理由こそが答えです。

CHAPTER 4

# 5 「すぐに成果を出そう」としない

## クイック・ウィンの落とし穴

「クイック・ウィンの落とし穴」という言葉をご存知ですか？

DIAMONDハーバード・ビジネス・レビュー編集部編訳『昇進者の心得――新任マネジャーの将来を左右する重要課題』（ダイヤモンド社）にある言葉です。

この本は、昇任したばかりの人が陥りやすい課題と対応策を、簡潔・明確に示してくれている本なので、一読をおススメします。アメリカでの状況を理論的に書いたものなので、自分の職場での具体的な場面をイメージしながら読むといいと思います。

さて、「クイック・ウィンの落とし穴」は、言葉通り、新たに昇進した者がすぐに成果を出そうとして陥りやすい落とし穴のことです。**①隘路《あいろ》に入り込む、②批判を否**

**定的に受け止める、③威圧的である、④拙速に結論を出す、⑤マイクロ・マネジメントに走る**の「5つの問題行動」のことで、調査したところ昇進者の6割以上がその1つにハマっていたとされています。自分は必ずどれかにハマっていると考えて自己チェックしましょう。信頼できる人からのフィードバックが、ここでも役立ちます。

## 落とし穴にハマらないために

「5つの問題行動」について簡単に説明しておきます。詳細は、前述の『昇進者の心得――新任マネジャーの将来を左右する重要課題』をご覧ください。

まず、「①隘路に入り込む」ですが、細かい点にこだわって行き詰ってしまう失敗です。全体を見据えて大道を歩くように心がけたいですね。特に、自分は細かいと思う人は注意が必要です。

「②批判を否定的に受け止める」「③威圧的である」は、役職者としての権威に頼るゆえの失敗です。私もときにムッときますけれど、意見してもらえることは貴重です。批判もされない暴君は衆知を集められません。裸の王様になってしまいます。威圧するのも、自分に自信がないからです。大事なのは、情理を尽くしてメンバーを納得させること。「正面の理、側面の情、背面の恐怖」（中坊公平）でいきましょう。

「④拙速に結論を出す」は、リーダーシップを誇示しようとして陥る罠です。未だに私も拙速を重んじては、よく失敗しますが、大事なのは「熟慮断行」。必要なことを抜け漏れなく考えたか、ロジックツリーなどを使ってよく確認するとよいでしょう。

「⑤マイクロ・マネジメントに走る」は、細かいことばかり管理しようとすること。メンバーを信頼していないから、または責任を取ることが怖いからです。**目的や方向性をよく目線合わせして任せ、任せたら細かいことは言わず、自分が責任を取ることです。**

## ☑ 信頼関係がすべての土台

組織内で昇任すれば、マネジャーとして「チームで成果を出す」か、スペシャリストとして「チームに貢献する」ことが求められます。いずれもチームが鍵です。人と人をつなぎ、お互いを配慮して尊重し合うための土台は、やはり信頼です。

あなたが、知人からいきなり厳しい指摘を受けたとします。同じ言葉で言われても、それを「ありがたい忠告だ」と思うか、「余計なお世話だ」と思うかは相手との関係次第ですよね。こちらが好意を持つ人なら前者、嫌いな相手なら後者となりがちです。

私も、何度か痛い目に遭って、個人との関係ではそれが大切だということはわかっているつもりでした。しかし、昇任してチームを率いる立場になると、それがなぜか疎かになりがちです。期待に応えよう、成果を出そう、リーダーシップを発揮しようと「クイック・ウィンの落とし穴」（5つの問題行動）にハマり込んでしまいます。

「出世」直後の複雑で不安定な人間関係の中で、チーム内に信頼関係を築くことはかなり大変です。どうしても斜めに見る人がいるからです。しかし、これまで培ってきた信頼があれば、ずっと楽です。「出世」前からの信頼関係づくりが大事なのは、このためでもあります。

とは言っても、することはいつもと変わりません。自分から挨拶し、「さん」付けで名前を呼び、全員の話を聴き、約束し、約束を守って信頼関係を築きましょう。長くかかるようでも、1か月もあれば職場の雰囲気はかなり変わってくるものです。

CHAPTER 4

# 6 「最初が肝心」だから自然体で

## 緊張する「最初の挨拶」

昇任して最初の挨拶は緊張します。

係長として、課長として、威厳を出さなきゃ。そんなふうに思ったあなたは、肩に力が入っているかもしれません。役割に伴う自覚があることは、とてもいいことですが、自分は自分。あまり背伸びしすぎると、かえって浮いてしまいます。

しかし一方、「わからないことばかりなので、教えてください」的な挨拶もどうかと思います。新入職員や、初めての異動の若手職員ならばいいかと思いますが、責任ある立場にあるのにそう言うのは無責任に聞こえます。

昇任直後の挨拶では、**「この職場のいいところ」「自分はこういうふうにみんなの役**

**に立ちたい」**というようなことを話せると、一番自然でいいと思います。そう偉そうに言いながら、私も当時はそういう挨拶はできなかったのですが。

同様に、「最初が肝心」とばかりに、職場のルールを新たにつくったり、細々と指示を出したりする人が見受けられます。その職場・業務に誰よりも精通していて、大きな変革が役割である場合にはそれも必要かもしれませんが、普通は逆効果でしょう。上滑り・空回りして効果は上がらないと思います。

まずは、すべての土台となる職場のメンバー間の信頼関係の構築に努めつつ、「2か月で覚える、3年先を見据える」ために業務と職場の状況を広く深く調べていきます。正規の職員以外も含めて、スタッフ全員から話を聴くのが一番です。その話の中で出てきた「困っていること」を、1つずつ解決していくのが得策です。

## ☑ 自分のことを知ってもらう

とはいえ、やっぱり「最初が肝心」です。

最初に職場のメンバーとのボタンの掛け違いが起きると、後で直していくのは大変だからです。そのためには、スタッフ全員の話を聴いて、その理解に努めるとともに、自分のことを理解してもらうことが大事です。自己開示ですね。

私は、最初に自分のポリシーを簡潔に話しておくことにしています。①私は市がよくなることが大好きな仕事人間。でも、仕事のスタンスは人それぞれ。職場ではそれを尊重したい。私はたまにやりすぎるので気づいたら注意してください。②相談は大歓迎。いつでもどうぞ。漏れなくジュースをご馳走します。もし嫌そうな顔をしたら指摘してください。もう1本ご馳走します（笑）。③「ウチ」「とりあえず」「いろいろ」という言葉は嫌いだから私の前では使わないで。市として、何をめざして、まず何をなぜ行うのかを大事にしたい。④家庭のことは優先で。家族のイベント、病気等の休暇は遠慮しない。そのときのために、仕事はいつでも代わってもらえるように共有して進めましょう。いつも伝えているのは、こんなところです。

同様に、業務と職場の状況は最初に正確に把握することが大事です。最初に間違えて、誤った認識のまま動いてしまうと、やり直すのは何倍も大変になってしまいます。

# 7 「よく思われたい自分」に注意する

## 「八方美人」は信用されない

組織内での昇任、業界や地域での活躍は、役割と人間関係を大きく変えます。大きな期待を持って、皆さんに接してくる人も増えるでしょう。そうした人たちの期待に応えたいという気持ちは大事です。しかし、ここにも落とし穴があります。「1『脱線行為』の怖さを知る」のところで「見える化」したとおり、上司・同僚・家族を含めて、皆さんに寄せられる期待には本当に様々なものがあります。重要なことは、それらの期待には相反するものがあることです。さらには、別の人の警戒・反発につながるものもあります。たとえば、停滞する職場を活気づけてほしいという若手の期待は、現状維持を望むベテランの思いに反する場合が少なくありません。

誤解を恐れずに言えば、「出世」直後の不安定な人間関係の中で、「出世」に伴う新たな役割を果たすための知識・スキルを身につけている最中の人が、すべての関係者の期待に応えることなど、不可能なのです。関係者の期待を理解して配慮しつつも、それ以上に自分の使命＝すべきことに集中しなければならない時期のはずです。

この問題への対応が難しいのは、自分の中にある「承認欲求」です。人から価値ある存在として認められたいという欲求は、自分が感じている以上に根深く、無意識に強く自分を引っ張るので、よくよく注意しないといけません。

すべての人にいい顔をしようとする「八方美人」は信用されません。相談すれば悪くない返事をしてくれるのはいいですが、一向に前進しないので、「信じて用いる」ことができないからです。**「神様のような人格者・能力者でもない限り、誰も悪く言わない人は何もしない人だよ」**と尊敬するYさんが言っていました。私も同感です。

## 「信頼」という言葉の奥深さ

Yさんの話には続きがあります。そのとき、私はこう聞かれたのです。

「立場の違う相手、たとえば敵からも尊敬されるってどういう人だろうね」

そのとき、私は答えられませんでした。しかし、役員として組合活動を行った10年間が教えてくれました。今なら、こう答えます。「コイツは必ず自分の役割を果たす。言ったことは必ずやる、そう相手に信じられること」だと。別の言い方をすれば、**口車に乗る、目先の利害に惑わされる、責任逃れをすると疑われないこと**だと思っています。信頼とは、単に好かれることではありません。もっと厳しいものです。

「八方美人」に欠けているものは何でしょうか。私は「信念」と「勇気」だと考えています。「嫌われる勇気」を持って、必要な行動を取ることが必要になることもあるからです。そのとき、「信念」が自分の独り善がりではないことが不可欠です。

だから、迷うようなことがあったら、すぐに自分の役割とその「使命」を問い直しましょう。自分たちは、何のために何を行うのか。ドラッカーも、マネジメントの基本として自らに問うべき問いの第一は、「われわれの使命は何か」だとしています。

# 8 「自分を基準」にメンバーを評価しない

## よくある？「デキる人」の勘違い

「ウチの若いのは、○○がなってない」

そういう愚痴をこぼす人っていませんか？

本当に「出世」していく人には、そういうことを言う人は少ないでしょう。しかし、特にデキる若手ほど、ときにハマる落とし穴だと思います。

冒頭のようなことを言う人を観察すると、たいていは自分の得意な分野で部下ができていないことを嘆いています。その人は少なくともそれは強みだから「出世」したのでしょう。チーム内ではその能力では一番であってもおかしくありません。自分の思うレベルにメンバーが至らないとしても、当然のことです。

しかし、国語・数学・理科・社会・英語と5教科あれば、全教科で満点なんてことはありえません。本人も、さすがにそう思ったことはないはずです。それが、デキていないメンバーを前にすると、劣っているところにばかり目が行き、冒頭のような考えになってきてしまうのだと思います。それが、「出世」直後の複雑かつ不安定な人間関係の中で、ときに「調子に乗っている」「自分のことは棚に上げて」と深刻な問題になり、後々まで尾を引くダメージになってしまうことがあります。

「出世」後、組織での昇任に伴う役割を果たすにせよ、内外での活動と高いレベルで業務を両立するにせよ、**メンバーの強みを活かし合うことは不可欠**です。そのためには、自分の欠点・弱みを認め合い、補い合うことが大事ですよね。

「私は、突破力や人脈は期待してもらっていいけれど、『ザル』と言われたほど、チェックが甘いところがあるんです。そこを、ぜひ助けてください」。私はそう言っています。弱みを自ら見せることが、慢心を防ぎ、職場の雰囲気を良くします。

もちろん、その弱みで迷惑をかけないよう努力はしているのですけれど（苦笑）。

## 一人ひとりの強みを実感できるか

せっかくなので、この機会にもう少し踏み込んでアドバイスしておきます。

「出世」直後には、職場の全スタッフ一人ひとりについて、その強みと職場への貢献を懸命に探すことです。職場にはいろいろな問題があるものですが、何かしらその人なりの強みや貢献があるはずです。

もし、ある人について、その強みや貢献を説明できない場合には、自分の公務員人生がかかっているつもりで一生懸命に探しましょう。その強み・貢献に十分・不十分はあるかもしれませんが、ゼロではないものが見えないのは、やはり自分のどこかに慢心があるのです。それがわからないなら、あなたの「出世」もここまででしょう。

その上で、行うべきことがあります。**その一人ひとりの強み・貢献を、普段から、それが発揮される度に、みんなの前で言葉に出して伝え、感謝する**ことです。そうすれば、その強み・貢献が本人にも、職場にとっても、より実感できるものになります。

こうなれば、あなたの強みと貢献も認められるでしょう。「隗より始めよ」ですね。

CHAPTER 4

# 9 「成功体験」に逃げない、縛られない

## 「致命的な失敗」はなぜ起こるか

長い公務員人生では、大小様々な失敗をします。けれど、ほとんどの失敗は、個人的にも、組織的にも致命的なものにはなりません。不安があっても、周囲の意見を聴き、上司と相談しながら進めていけば、知恵も湧き、対策も立ち、責任を分かち合うことができるからです。**致命的な失敗は、むしろ自信満々なとき、後で見れば自分を過信していたときに起こる**ものです。

「以前自分はこうやってうまくいったから」「他市ではこうやっているから」などと、状況分析も不十分なまま、リスク軽減策も用意せずに突っ込んでしまうと、それがうまくいかなかったときに立て直す余力もなく、厳しい結果となってしまいます。

この落とし穴が怖いところは、状況が悪いとき、自分に余裕のないときほど、そうした面が出やすいことです。なおさらに、結果は無残なものになります。

納税課時代の私は、毎日がこの誘惑との闘いでした。何か課題に直面すると、国民健康保険税徴収担当だったときに成功したやり方とほとんど同じようにしようという思いに駆られたのです。ただ、幸運なことに、私をよく知る上司のＩ部長と経験豊かな先輩係長たちの助言がありました。それでも強引に見えたと思いますが、意見を踏まえて対応策を練り、相談しながら一歩ずつ進めていったことが、落とし穴に深くハマらずに済んだ理由だったと思っています。

自分とは異なる強みを持つ人からアドバイスをもらうことはとても大切です。私の場合、自分は拙速を尊ぶ性分で、過去それによって道を切り拓いたと思っているので、大事は「巧緻」を強みとする人の意見を聴いて決断するようにしています。

## ☑ 大小の「変化」を見逃さないために

もちろん、自分の「成功パターン」は、強みとして最大限活かしたい財産です。

要は、**状況に合わせて、そのやり方が効果的か否かを見極めて、効果的であるならば、より効果を高めるための必要なアレンジができればいい**ということですよね。

そのためには、以前との状況の違いをよく理解する必要があります。日々、仕事をこなしているだけでは、大小の変化になかなか気づけませんから、忙しい毎日の中でも変化に気づくような仕掛けを持てるかがポイントになります。

まず、大きな変化について。社会・経済・制度改正といったマクロな変化についでは、新聞を読み、記事となっている出来事が自分の仕事や役割にどのような影響をもたらすのか、自分なりにシミュレーションすることが訓練になります。毎週30分でいいので、そうしたことを考える時間をつくることをおススメします。予想した結果は記録しておいて、後日、状況の推移と見比べてみましょう。

庁内や地域などの状況、特に関係者の意向や動向といったミクロな変化についでは、そこに身を置いているだけに変化に気づきにくい場合があります。観点を決めて定期的に比較する定点記録が、変化を見て取り、今後を予測するのに役立ちます。

CHAPTER 4

# 10 「落とし穴」から目を逸らさない

## 「落とし穴」は避ければいい?

結論から先に言ってしまいます。

この章で書いてきたような「落とし穴」は、大小の差はあれど、必ず皆さんの目の前にもあること。**避けるのではなく、何度でも乗り越える必要があるということです。**

「出世」とは、それが組織内での昇任にせよ、業界や地域での活躍にせよ、新たに大きな役割を担うようになることです。本人にとっても、周囲の関係者にとっても、それはとても大きな変化なのに、特に自覚もなく苦労もなく、スムーズに真っ直ぐに進んでいけるのだとすれば、それはやっぱりどこかおかしいのです。それで大丈夫なのは、「落とし穴」をよく理解・経験して、とっくに乗り越えている人だけでしょう。

失敗を恐れるあまり、ただ辞を低くし、慎重に様子を見極めるばかりの人がいます。しかし、それでは結局、何もできません。「出世」による新たな役割を果たすことができず、遠からず周囲の失望を買って失速することになります。何のための「出世」なのか。「出世」することが目的である人が陥りやすい「落とし穴」ですね。

「偉くなる」ことがモチベーションであることは、それ自体が悪いとは言いません。アメリカの心理学者であるマクレランドは、「達成」の他に人間の主要な動機ないしは欲求として「権力」「親和」「回避」の3つを挙げています。

しかし、「出世」する中では、偉くなりたい、人を従わせたいという「権力」だけが強いモチベーションというのは、極めて危険です。認められたいという「承認欲求」の虜になって自分を見失うか、勝つか負けるかという権力闘争に終始して公務員としての信頼を失うかに陥りがちだからです。マズローの欲求5段階説に従って「自己実現」、すなわち**「なりたい自分になる」ように自らを成長させていくことで、「権力」への執着から自分を解放していく**ことが大事になってきます。

仲良くなりたいという「親和」、苦痛を避けたいという「回避」も人間の根源的な欲求ですが、これもそれに強く捉われるのは「出世」と相容れません。全体として人間関係を良好なものとすることは大切ですが、ときに「嫌われる勇気」も必要となりますし、「出世」する中ではより強くリスクを取ることが求められるからです。

課題から逃げずに自分の役割を果たそうという使命感を、「落とし穴」と向き合う中で自分の中に築き上げていく、そんな思いがとても大事だと思っています。

## 「落ちた経験」は必ず財産になる

私が経験から理解するに、「落とし穴」は形と大きさを変えて、何度でも「出世」する中で現れるものなのだと思います。だから、「落とし穴」に落ちて、それを乗り越えた経験は、次の「落とし穴」を乗り越える大きな手助けになります。

どのような自分の考えが「落とし穴」に自分を落としたのか、何が乗り越える手助けとなったか、そこからは必ず教訓が得られます。「出世」直後の早い時期に、それと正面から向き合うことが、更なる「出世」の道を拓く鍵となると思っています。

④

## 地域で働く・地域を活性化する

君　一哉さん
（江別市）

2003年、社会人採用1期生として江別市役所入所。2018年企画政策部主幹（シティプロモート担当）。1968年生まれ。様々な連携をサポートし、地域の営業担当として売り込みを図る。愛称「ザビエル」。

川合　彩さん
（江別市）

2007年、江別市役所に入所。2017年から教育部教育支援課主任。1984年生まれ。商工労働課で君さんと二人三脚で大暴れした後、現在は2児の母として公私ともに忙しい毎日を送っている。

# 好奇心は最大の武器！　失敗なくして成長なし

**——これまで、どのような業務・活動に携わっていらっしゃいましたか？**

**▼君**　大学卒業後、株式会社ダイエーに入社し流通業を経験、その後高校の教職を経て実家のある江別市役所に入所しました。市役所では5部署で勤務し、特に経済部では産学官連携・農商工連携・商学連携といった「人をつなげる」機会に恵まれ、全国の皆さんとも出会うことができました。

**▼川合**　大学卒業後、江別市役所に入所、最初の4年間は「これぞ市役所」という窓口業務をしておりました。その後、商工労働課に配属され、従来の考え方が180度変わりました。「人とのつ

ながり」と「地域を愛する」大切さを皆様から教えてもらいました。現在は、教育委員会で働いています。

**——地域に出て業務を行い、人と人をつなげていく活動を始めるきっかけ・動機は何ですか？**

**▼川合**　きっかけは、地域の若手経営者・後継者を対象とした人材育成塾「江別若手経営塾」を担当したことです。

業務の枠を飛び越え、地域を盛り上げようとする同世代の仲間ができ、彼らと地域を盛り上げることがライフワークとなりました。

**▼君**　最初の配属が経済部で、様々な業界との連携が必須の部署でした。幸い私は民間経験があり、相手も良い意味で「変な公務員」と感じたようです。ビジネスの世界は過酷なので、公務員が外に出て動くことでサポートできればと考えています。

**——それらの活動と業務・家庭等を両立させるために必要なことは何ですか？**

**▼川合**　心から楽しむ、ワクワクすることだと思います。仕事に行き詰まったときも、仲間がいるからこそ、違う視点で物事を考えることができます。そして、そんな私の自由な活動を見守ってくれている家族に感謝することを、いつも心がけています。

**▼君**　究極のモチベーションは「仕事で遊ぶ」「好きなことをする」ことだと思います。

（恋愛の意味でなく）好きな人・大切な人のために動くと、自分も相手も笑顔になる。笑顔で働いていると、家族も自然と応援してくれるのではないかと思っています。

**——それらの活動により「世に出る」ことで、得たものは何ですか？**

**▼川合**　大切な仲間です。地域で頑張る人たちは、お客様でありながら、仲間なのです。

役人でも、経営者でも、誰でも「志」を共有することができます。仲間が心の支えとなり、仕事でも、ライフワークでも、自分の軸を持ち、自分を信じて活動することできると感じています。

**▼君**　動くほど、フィールドが広がるほどに出会いが増え、自然と人脈・経験が広がります。お陰様で、全国にいろいろな仲間ができました。

素敵な人に出会えばビジネスチャンスが増え、経験を積めば様々な場面での「対処力」が身につきます。特に公務員は様々な立場の市民と接するので、「人と応対する能力」は必須だと思います。

**――これから「世に出る」若手に向けて、一言エールを！**

**▼川合**　私も最初は「世に出る」ことが怖かったです。今も怖いときがあります。

しかし、人とつながるからこそ、それまで自分が知らなかった地域や日本の素晴らしさを感じることができました。好奇心は最大の武器です。ぜひ様々なことにチャレンジしてください。

**▼君**　私が社会人となったのは平成3年、バブル期を知る最後の世代です。人は「失敗」から学び、成長します。一方で「成功」がもたらすものは現状維持。当時は失敗を叱咤しつつ、見守るおおらかさがあったように思います。残念ながら今は自己責任の時代。失敗を前向きにとらえる余裕が個人・組織共に感じられません。

ですが、こうした時代だからこそ、いろいろな失敗を経験してほしいと思っています。

私も、部下の失敗を笑いとばせるよう、頑張ります（笑）。

CHAPTER

# 5

# 「出世」後に必要となる10のスキル

CHAPTER 5

# 1 忙しい毎日を楽しく過ごす

## 忙しさに心を奪われない

この本も最後の章になりました。

この章では、「出世」後に必要となる10のスキルについて説明します。1つ目は、「忙しい毎日を楽しく過ごす」スキルについてです。

組織における昇任にせよ、業界や地域での活動にせよ、「出世」すると、それまでとは世界が変わってきます。主体的に関わることが増え、交友・交際の範囲は大きく広がり、責任も広く重いものとなってくるでしょう。

その結果というか、「出世」した人に「何が一番変わりましたか？」と聞くと、誰もが言うのは「めちゃくちゃに忙しくなった」ということです。曰く「とにかく時間がない」「毎日が飛ぶように過ぎる」。皆さんも同感ではないでしょうか？

「出世」すれば、忙しさは爆発的になります。その中で、仕事と生活を楽しめることがとても大事ですね。忙しくて何もできないのでは元も子もありません。忙しすぎて余裕を失い、判断を誤ったり、職場がギクシャクしたり、ひどい場合には心身を損なったり。そうでなくても、広がる機会を活かせないとしたら、とても残念です。

「出世」に伴う忙しさの中で楽しく過ごすコツは、実は簡単なことです。「忙」という字は「心」を「亡くす」と書きます。本質を表すよくできた字ですね。だから、多忙な中でも心を亡くさないこと。豊かに思い、考える時間を持つことです。

「勝者と敗者を分けるのは、1日5分間、考えるかどうかで決まる」とは、『トム・ソーヤーの冒険』で有名なマーク・トゥエインの言葉です。仕事や生活は勝ち負けではありませんが、**楽しみつつ成果と信頼を積み重ねるためには何が必要か、それを考える時間を毎日必ず持つ**ことは大事です。毎日5分間考える時間を持ちましょう。一番大事なことですから、最優先で、朝イチにその時間を取るのがおススメです。

ポイントは短い時間の中でも「何を考えるか」「どう考えを積み上げるか」です。これをやったら①成果が出る、②成長につながる、③とびっくり楽しいということは何でしょうか。小さなワクワク感を大事にして考えてみましょう。そして、④考えた結果、⑤次に考えたいことを、⑥その理由と共にメモしておきます。すると、結論がブレないですし、前日までに考えたことの上に考えを積み上げていくことができます。

こうした5分間を、朝イチを基本に、1日の中に何回か散りばめておきましょう。そして、その時々に思い、考えたことを書き留めてみてください。世界的な大企業のCEOでも、1日の間に持てる生産的な時間は30分程度だそうです。

## ☑「密度の濃い」毎日を過ごす

皆さんは、今も時間管理に工夫・努力していると思います。しかし、「出世」を歩み始めてからの毎日は、忙しさの桁がまるで異なります。単に、やるべきことが多いのではなく、様々な機会をどう捉えるか感性と知性をフル動員する毎日だからです。

そんな毎日では、やはり時間管理そのものを進化させることが必要です。**単に作業や仕事を効果的・効率的に回していくレベルを超えて、人生そのものをマネジメントしていく時間感覚が大事**になってきます。具体的には、①ムダな時間の「見える化」、

②役割に沿った時間割の作成、そして、③ミッション・ステートメント（人生目標を文章にしたもの）を作成することが役立ちます。

①は、手帳を活用しましょう。10分単位でやったことをメモしていきます。すると、1日のうち何回も、何をやったのかよくわからない時間が「見える化」されます。この時間を1つひとつ潰しましょう。すると、仕事にせよ、家事にせよ、育児・介護にせよ、遊びにせよ、休む時間にせよ、1つの時間がより有意義なものになります。

②は、自分の複数の役割それぞれについて、1日・1週間のうちでどの時間を使うのかあらかじめ割り当てた時間割をつくることです。そうすることで、頭のチャンネルを切り替えながら、それぞれの役割を同時進行で果たしていくことができます。

③は、自分が最終的に何をめざし、何を大事にするのかを文章化することです。価値観が明確になれば、1日・1週間・1か月・1年をよりめざすものに相応しいように組み立てることができるようになります。書き上げるのは大変ですが、それに見合う価値があります。仮でいいのです。書いてブラッシュアップしていきましょう。

CHAPTER 5

# 2 しっかり休む、活力を維持する

## 心身の疲れを取る「深い睡眠」

皆さんは、心身がドッと疲れたらどうしていますか？

若手にそう聞くと「しっかり休む」という人が多いですね。

キャリアについての勉強をする中で知り合ったメンタルヘルスの専門家に聞いたところ、**心身の疲労を取るのは「しっかりとした睡眠」だけ**なのだそうです。

横になっているだけでも体の負担は楽になりますが、スマートフォンやゲームは神経への負荷が大きいそうです。「寝酒」も、睡眠を浅くするのでよくないとのことでした。

ちなみに私は、横になるとすぐにバタンキューです。眠りは深いほう、寝覚めはいいほうなので助かっていますが、41歳のときに良性腫瘍ができて入院・手術してからは、①睡眠2時間前の飲食はしない（特にアルコール）、②寝る前に風呂に入って5分でもいいのでゆっくりした時間を持つようにしています。

お風呂は短時間でリラックスできるので、苦手な人でなければおススメです。ちなみに、私は息子を風呂に入れていて、朝風呂もするので、1日に3回も入ったりするのですが（苦笑）。息子と話したり、読書したり、まったりしたりしています。

最近のウェアラブル端末は、睡眠時間と、そのうちの深い睡眠時間を記録してくれるので睡眠の管理に便利です。私はかなりの夜型人間で、たまに明け方まで原稿を書くこともありますが、何とかこの端末を使ってバランスを取っています。

なお、先ほどの知人からは、不眠症には①入眠障害（なかなか寝つけない）、②中途覚醒（何度も目が覚める）、③早朝覚醒（異常に早く目覚める）、④熟眠障害（眠りが浅い）があり、また、睡眠時無呼吸症候群等もあるので、眠れない・疲れが取れない状況が1か月近く続くようならば、医師の診察を受けてほしいとのことでした。

## ☑ 疲れにくい体をつくる

拙著『公務員1年目の教科書』では、若いうちから健康を保つ習慣を持つことをオススメしました。そう言っている私こそ、運動不足で肥満になってしまっているのですが、それでも毎日1万歩以上歩くことと軽く運動することを心がけています。

1日のウォーキングは、ウェアラブル端末でチェックしています。いつも身につけていると、不思議なことに何とか目標に達するように意識するから不思議です。軽い運動はラジオ体操です。朝、家事をする前にテレビをつけておくのがコツで、あの音楽が流れてきたら、なぜか自然とテレビの前に行って体を動かしています。

毎日やっていると、少しずつ疲れなくなるとともに、「今日はいい感じだ」「何か右肩が重い」などと体の調子がわかるようになります。もちろん、ランニングしたり、ジムに通ったり、スポーツができれば一番ですが、大事なのは続けることです。

「出世」する中では心身ともにハードなときがあるものです。このため、自分なりに、忙しい中でも毎日できることを見つけて続けていきましょう。

CHAPTER 5

# 3 自分の多様な役割を調整する

## 人生は7色に輝く虹

皆さんには、今、どんな役割があるでしょうか？

①職業、②業界、③地域、④家庭、⑤その他それぞれで考えてみるといくつもの役割を果たしていると思います。具体的に書き出しながら考えてみてください。

①職業では、役職・職務のほか、部下・上司・先輩・後輩といった役割があります。②業界では各種の会の幹事・メンバー等、③地域では自治会・ＰＴＡからボランティア活動等、④家庭では子・兄弟姉妹・親・配偶者等、⑤その他では趣味の場などがあるでしょう。改めて書き出してみると、主なものだけでも結構あって驚くと思います。

ここに書き出した役割は、外形的なものです。それぞれの活動を通して実現されている自分にとっての価値。それこそが、自分のキャリア（仕事と人生）の核心であり、あなたが働き、生きていく原動力（ライフテーマ）になります。

私の場合、①公務員は、生活の糧を稼ぐ場であると同時に、自分にとって大事な地域をよくするための実践の場です。②東京・多摩地域の研究会等での活動・勉強、業界誌での連載・本の執筆や各種の講師は、公務員として自らを磨き、仲間とつながる場であるとともに、自分が学んだことを還元する場です。③薬物乱用防止等の地域活動は、市民としてつながり、①とは別に地域に関わっていく場です。①・②・③を通して自らを磨き、仲間とつながり、自分なりに地域をよくしたいと思っているのだなと改めて思いました。

ドナルド・E・スーパーは、**人生には①子ども、②学生、③余暇人、④市民、⑤労働者、⑥家庭人、⑦その他の7つの主な役割があり、人生とは一定の期間の中でそれらの役割を果たしながら「自分らしさ」を発達させていく過程**であるとしました。「ライフ・キャリア・レインボー」と言うのですが、人生を輝く7色の虹にたとえたスーパーの考え方は、キャリア理論の古典とされるものながら、今なお色褪せていないと思います。私たちも、自分なりに7色の虹を輝かせたいですね。

## 変化の時代を自分らしく生きる

急に難しい話になった、あまり興味ない話だと感じたかもしれません。

でも、こうしたことを今考えておくことが、本当に大事なのです。私の場合、お陰で心身を損なわずに済んだ、命拾いしたとさえ思っています。

「出世」する中では、本当にいろいろなことがあります。私の場合も、仕事で行き詰まったり、職場でトラブルに見舞われたり、地域活動で迷惑をかけたり。プライベートでも出産、育児、介護等いろいろありました。困ったことに重なるのです。

そうしたとき、**自分は何のために頑張っているのか、多様な役割の中で何を大事にしているのかが見えていると、極限的な状況に陥っても、後悔のない決断ができます。**

ライフ・キャリアの考え方は、不確実性を増す変化の時代の中で、退職後も続く長い人生を自分なりに豊かに生きていこうとする上で、ますます重要になると思います。

考える中では、サニィ・ハンセン（ミネソタ大学名誉教授）が唱えている「キャリア発達と変化するライフ・パターンのための重要課題」がヒントになると思っているのでご紹介します。ハンセンは、次の7つの重要課題があるとしています。

①グローバルな状況を変化させるためになすべき仕事を探す
②人生を意味ある全体の中に織り込む
③家庭と仕事の間を結ぶ
④多元性と包括性を大切にする
⑤個人の転機と組織の変革に対処する
⑥精神性、人生の目的、意味を探求する
⑦そして、健康

ピンとこないものもあるかもしれませんが、頭の隅に置いてみてください。後年何かの壁にぶつかったとき、「このことか！」と思うことになると思います。

ITバブルの中で大成した方々も含めて、多少なりとも「出世」した人を見てきました。本当にその人らしく、輝く人生を生きているという方々も多いです。しかし一方、「仕事は成功したけれど……」と深い後悔を抱える方も少なくありません。

アメリカの心理学者・レヴィンソンは、40代には人生を振り返って悩む「中年の危機」が訪れると言います。自分らしいライフテーマを考えるのは、今です！

CHAPTER 5

# 4 家族との毎日を大切にする

## 家族って空気のようなもの?

「家族って、空気のようなものだよね」

あるとき、若手が言っていました。悪気のない、実感なのだと思います。けれど、私はつい「そう軽く考えていると、いつか後悔するよ」と少し強い口調で言ってしまいました。ちょっと大人げなかったと思っています(苦笑)。

空気がなければ私たちは生きられませんから、「不可欠なもの」という意味ではそのとおりだと思います。しかし、「空気」という言い方には、「無料のもの」「存在を普段感じないもの」というニュアンスがあるでしょう。それは思い上がりです。

そう私が思うのは、深い後悔があるからです。私は母を早く亡くし、父も介護して、その後亡くしました。妻の父親も早く亡くなっていて、ただ一人残る義母も先年看取りましたので、私の息子には祖父母がいません。こんなに早く亡くなるなら、もっと親孝行しておけばよかった。今もそう思うのですが、後の祭りです。

結婚して連れ添ううちに、配偶者との関係はなじんでくるかもしれません。お陰様で、私たち夫婦は仲良くやっている（と私は思っている）のですが、お互いの理解と努力が不可欠なのだと思います。子どもは日々成長していきますから、あっという間に大きくなってしまいます。親がいろいろしてあげられるのは、本当に短い間です。

ちょっと偉そうな言い方でしたが、**家族との関係こそ「一期一会」のつもりで、その場その場に心を尽くすことが大事**なのだと思っています。かなり年配のご夫婦が、特に奥様にご主人が「あのとき、あなたは○○をしてくれなかったわね」とからかわれているのを見ると、なおさらにそう思います（笑）。

家族が不安定だと、他の役割どころではなくなります。家族を中心に仕事その他を組み立てていけるようにしたいですね。難しいですが、不可能ではありません。

## 家族の願いをカタチにしていく

家族とは、何となくわかり合えるもの。そう思っているので、お互いの話を結構聞き流していたりします。

家族を家族とするのは、婚姻関係・親子関係だけではありません。**家族であるということは、そうした関係を基礎に、共に生活する、その中で様々な思いを共有する、生涯関わっていくということ**だと思います。

私は若手から家族のことで相談を受けたりしますが、もっと話してお互いを理解できていればと思うことが少なくありません。それぞれが大事にしているものは何か、お互いをどう思っているのか、そして、どんな家族になりたいと思っているのか。大事なことなのに、語られていなかったりします。以心伝心では通じません。

特に男性諸君！　奥さんや子どもの話はちゃんと聴くこと。傾聴スキルを磨く機会だと考えましょう（笑）。そして、聴いた願いを1つひとつカタチにしましょう。家族という場が快適で大事なものだとお互い感じられるようになります（経験者談）。

CHAPTER 5

# 5 「創造的な組織」をつくる

## 「組織の発達段階」を考える

マズローの欲求5段階説はご存知ですよね？

人の欲求には、①生理的欲求、②安全の欲求、③愛と所属の欲求、④承認欲求、⑤自己実現欲求の5段階があり、低次の欲求が満たされると次の段階の欲求が現れるという理論です。私は、組織についても、これに対応した5段階があると考えています。

**①崩壊する組織**……重大なトラブル・病休者・退職者が続出 → 生理的欲求に対応

**②停滞する組織**……ミス・トラブル・行き違いが頻発 → 安全の欲求に対応

**③仲良し組織**……人間関係は悪くない。前例踏襲が基本 → 愛と所属の欲求に対応

**④活力ある組織**……目標志向で活発。小幅な改善に終始 → 承認欲求に対応

**⑤創造的な組織**……挑戦する風土。組織としても進化→自己実現欲求に対応

この「組織の発達段階」は、私が勝手に考えている持論に過ぎません。しかし、人間の欲求に5段階があるならば、組織もそれに対応した5段階になるのは、自然な考え方だと思っています。組織は人がつくるものなのですから。

各段階を少し説明しておきましょう。①崩壊組織の説明はあまりいらないですよね。超ブラックな状態にある組織です。まず、メンバーの健康を守ることが先決です。②停滞組織は、挨拶や笑顔がないのですぐわかります。メンバーは自分の担当で精一杯。組織のルールを確立して、メンバーの不安を解消する必要があります。

わかりにくいのが③仲良し組織です。コミュニケーションが取れていて人間関係も悪くないように見えます。しかし、よく観察すると、お互い衝突を避け、業務は前例踏襲が基本となっています。こうした組織では、その中核が若手であることが少なくありません。管理職・リーダーは人材育成だと思っているかもしれませんが、要は水準が低いから若手がエースになれるのです。ノウハウの蓄積・開発がなく、ベテランが機能していません。メンバーの異動に伴い、業績は低下していきます。

## ☑ 職場が「創造的な組織」であれば

「出世」の中でも、特に組織内で昇任した場合、職場は仕事そのものとなります。しかし、仮にあなたが管理監督職ではなく、業界・地域での活動を進めていくとしても、やはり大事なことなのです。たとえば、仲良し組織的な職場では業務が全般的に不効率であり、「みんなで残業」のような空気が蔓延している場合があるからです。

一方、職場が創造的な組織となっていれば、「承認欲求」と「自己実現欲求」が満たされた職場、つまりメンバーがお互いの強み弱みを理解して活かし、使命感を持って各自が主体的に動いて連携・協働するチームとなっていますから、あなたの活動を理解して応援してくれる雰囲気が自然とできてきます。

## ☑ 地域と業界から「創造的な組織」を学ぶ

地域活動・業界活動は、中核メンバーの志が活動の原動力です。

そのため、活発な活動ができるチーム・団体は、「活力ある組織」、さらには「創造的な組織」の段階である場合が多いものです。地域活動・組織活動は、そうした組織の成り立ちを肌感覚で身につけることができる重要な場ともなります。

活力ある組織をつくるためには、組織のルールと目標を明確にして、コミュニケーションの仕掛けを日常的に埋め込んでいきます。この段階から創造的な組織に進化させるには、①お互いの強み・弱みを認め合うこと、②使命を共有することです。①は、お互いの長所や貢献を言葉に出して「いいね！」と伝えることで高まります。②は、そもそも何のためにその職場はあるのかということを話し合い共有していきます。

私も納税課時代に職場を創造的な組織とするように努力しましたが、その原点は地域活動です。仕事の後に集まって、知恵を出し合い、メンバーの協創でつくり出していく、それが楽しいという感覚を知っていたことは大きな財産となっています。

**「創造的な組織」になると、リーダー・裏方としての自分の仕事は減ってくる**ものです。実際、納税課では私の仕事は減り、その分、他のことに挑戦する余裕ができました。初めての著書『公務員1年目の教科書』を書くことができたのも、その賜物と言える側面があります。

# 6 「課長の技術」を身につける

## 業界・地域活動でも欠かせないスキル

「課長の技術」は、公務員として「出世」していく上で役立つスキルの見本市のようなもの。昇任をめざす人はもちろん、業界・地域での活動をめざす人も高いレベルでの業務との両立を実現するために、ぜひ学んでおきましょう！

ここで言いたいことは、それだけです。しかし、実際には、「出世」の中でそうしたスキルを求めて、様々な本を読んで実地訓練に余念がない人と、ほとんど学ばないで苦労というか迷惑を繰り返す人と、両極端に分かれているように思います。

「課長の技術」には、すでにかなり完成度の高いガイドがありますから、それをしっかりと読み込んで、**実際に身につけている人をモデルに、あとは実地で自分で磨**

**きこむのが上達の早道**です。私がまず読んだらいいと思う本は３冊あります。

１冊目は、佐々木常夫著『そうか、君は課長になったのか。』（WAVE出版）です。佐々木さんの実践的で温かいアドバイスが心に染み入ります。

２冊目は、酒井穣著『新版　はじめての課長の教科書』（ディスカヴァー・トゥエンティワン）です。日本型組織の中核である課長に焦点を当てた最初のテキストである２００８年の旧版を大幅に増補・改訂したもの。読み応えがあります。

そして、３冊目は、松井智著『公務員の「課長」の教科書』（学陽書房）です。私たち公務員の実務に即して書かれていますので、とても実践的です。また、部長職として、部長の目線からもあるべき課長職の姿が示されている点も参考になります。

その上で、Ｐ・Ｆ・ドラッカー著『マネジメント［エッセンシャル版］』（ダイヤモンド社）をはじめとするマネジメント、リーダーシップ、人材育成、組織開発等の本を読むといいと思います。こうした技術は「ひとりで」には身につきません。学習が不可欠です。

## 現実と理想の狭間で

課長になれば、「課長の技術」はすぐに求められるものばかりです。その役職にあり、その給与・管理職手当をもらっているのですから、できて当然とされるわけですが、もちろん急にはできるようになりません。

だから、「出世」前からの勉強・準備が大事なのですが、なってから勉強するとなれば、間に合いませんよね。そのため、本を読んだら、そこで示される項目を表にして、いつまでに何をやって身につけるかをまとめた「課長の技術」習得計画を立てるとよいでしょう。それが習得すべき技術の見取り図になり、チェック表になります。

その際に大事なことは完璧をめざさないこと。**落第点を避けるようにしつつ、自分の強みに目を向ける**ことです。できれば、メンターから助言をもらいましょう。

ところで、管理職なりたての人からは、議会対応についての相談をよく受けます。私も修行中ですが、田村一夫著『公務員が議会対応で困ったら読む本』（学陽書房）がおススメです。その上で、実地訓練あるのみ。度胸も必要ですからね。

# 7 「トップ」のブレーンとして働く

## すべての業務は政策に通じる

公務員として「出世」する中では、総合政策や行政経営の根幹を担うときがやってくるものです。企画・財政・法務・人事などの係長・課長となったときがその主な機会となりますが、もし部長職をめざすのであれば、市政の最高幹部として、自治体経営全般を見据えた判断ができるようにならなければなりません。

正直に言えば、私はあまり部長職に興味がありません。やはり現場が面白いからです。ただ、自分の仕事が市政に役立っているか、そして部下として上司を補佐できているかという点で、相談に与かれるように精進しなければならないと思っています。

組織内でのキャリア形成は、円錐のモデルで示されます（キャリア・コーン）。底辺を円形とする円錐の幅が「職能」、つまり複数の部門での実務能力です。高さが「地位」、つまり役職です。高位になればより高いマネジメント・経営能力が求められます。そして、円錐の各層における円の中心点からの距離が「中心性」。組織の中核として経営に関与する度合いですね。エドガー・H・シャインは、組織内のキャリア発達では、このキャリア・コーンを回りながら、自分らしいある位置をめざすものだと説明しました。私たち公務員には、かなり当てはまるように思います。

「中心性」が高い部署で、しかも「地位」が高ければ、それだけ組織の経営課題に直結した業務を担当しているでしょう。そこから多くを学ぶことです。では、そうした立場にいないときには、どうやってそうした理解・判断を磨けばいいでしょうか？

## 所属長という意識を超える

「正直、部長としては課レベルの細かいことはどうでもいいんだ。部としてどうか、それに尽きる」。私がお世話になっている、ある自治体の部長が言っていました。同じように、市長ならば「大事なのは市としてどうかだ」と仰るでしょう。どうしても、私たちは実務家として担当業務の枠内で物事を考えがちです。このため、それを乗り越えていくには、意識して市や部として考えるようにしていくしかありません。

私がおススメするのは、**市長でも部長でも、自分が主事・主任なら課長でもいいので、そうした人たちのブレーンになったつもりで仕事に取り組む**ことです。

実際には、担当業務を超えた相談を「トップ」から受ける機会はなかなかないかもしれません。でも、そうした勉強を少しずつ積み上げていきましょう。そうした勉強をしていることは、日々の受け答えの中でも「トップ」にはわかるものだそうです。実際、あるとき何気ない形で、そうした相談をされることがあります。そうした機会を大事にしていきましょう。それが訓練になり、報われるときが必ず来ます。

「立場が人をつくる」とよく言われます。確かにそういう側面もあるかもしれません。しかし、その役にある期間は短く、往々にしてすぐに成果を出すことが求められます。現場の実務から出発し、特に経営の素養のない私たちがそれを理解するには、時間と訓練が不可欠です。「ブレーンになったつもりで働く」ことでその訓練を積んでいきましょう。

CHAPTER 5

# 8 地域活動では「扇の要」に徹する

## 忘れてはいけない「自治体の看板」

「出世」したら、地域活動において、なおさらに気をつけるべきことがあります。

それは、地域で活動していても「自治体の看板」を背負っていることを絶対に忘れてはいけないということです。

地域活動は業務外にプライベートで行うものですが、それでも「あいつは○○市（都道府県・区市町村）の職員だ」というのは周知のことですから、自分の言動は「○○市の職員が○○と言っていた／やっていた」という形で影響が出てきます。たとえば、所属する自治体や関係者について非難めいたことを口にすれば、それが気の置けない仲間との酒の席での何気ない一言であったとしても、遠からず伝わると肝に銘じてください。私はそれで痛い目に遭いました。自戒を込めての忠告です。

特に地域の活動・団体で一定の責任ある立場になって、勤務する自治体の当該部署と関係するときなど、微妙な感じになってきます。もちろん、業務外のことですから、あくまで活動・団体のメンバーという立場で当該部署とやりとりするわけですが、現実は理屈だけではいきません。

利害や立場が鋭く対立するような場合には、当該部署の担当者は「どうして職員なのにこちらの事情をわかってくれないんだ」ということになりますし、逆に活動・団体側としても「あいつは、結局、職員だから役所側なんだよな」となってしまいがちです。どうしても活動・団体では「職員だし、役所への対応はあいつに任せよう」という空気になりますから、自分が処理できそうならば引き受け、難しいと考えるならそれをよく説明して理解してもらうことが必要になってきます。

地域活動の主役は市民です。**自分は「自治体の看板」を背負い地域を支える公務員であることを肝に銘じて、裏方に徹する**のがよいと思います。

## 地域活動は「掛け算」の世界

業界活動は「わらしべ長者の世界」だとCHAPTER1で述べました。これに対して、地域活動は「掛け算」の世界だと思っています。

地域の活動は、イベントの立ち上げ・運営にしても、まちづくりや福祉・環境・教育などの活動にしても、幾重にも重なっています。キーマンも相互につながり合っています。しかも、どこも若手の人材が不足しています。

このため、1つの活動でのそれなりの役割を果たすと、地域が放っておきません。次々に声がかかるようになるでしょう。多くの方々にお世話になる中なので、その恩返しも兼ねて、いくつかの活動には参加するようになると思います。そこからが、地域活動の本番です。

活動と活動を、メンバーとメンバーをつなげていきましょう。あなたの活動・活躍の場は何倍にもなり、重要な取組みでは声がかかり、相談を受けるようになり、より大きな活動をプロデュースしていくことができるようになります。

CHAPTER 5

# 9 「次の山」をめざす、趣味を大事にする

## 人生100年時代の働き方・生き方

「坂の上の坂」という言葉をご存知ですか?

藤原和博著『坂の上の坂』(ポプラ社)を読んだとき、私は衝撃を受けましたが、皆さんには当たり前のことかもしれません。寿命が延びた、これからの人生は、富士山のような「一山型」から、複数の山が連なる「連峰型」に変わってきているということですね。

公務員である私たちの場合、転職は稀かもしれません。が、「出世」する人たちには大学教授をはじめ、他の職種にキャリア・シフトした人たちが少なくありません。今後は、そういったことがどんどん増えてくると思います。

私は、60歳までは自治体職員として現場で頑張りたいと思っています。定年延長の中で65歳まで働くかもしれませんが、できれば、広く自治体の業界が発展して、新たな人財が育ち、活躍する手助けができるとよいなと思っています。

いずれにせよ、定年後もまだまだ人生は続くのですから、公務員として働く中での自分らしい「山」を考えてその実現をめざすだけでなく、「次の山」を考えてその下地となる勉強や経験をすることは大事になってくるということです。公務員の仕事は潰しが利きませんから、**公務員を退職した後も通用する「強み」をつくり、磨いていくことが不可欠**だと思っています。

## AIに直撃される私たち世代

まして、今後はAIがやってきます。

その中では、いわゆる事務仕事は壊滅的な状態になるでしょう。

少し古いですが『週刊ダイヤモンド』２０１６年8月27日号の記事では、行政事務員（県市町村）はAIに代替される職業ランキングで第21位、代替率99・41％とされていました。そこまで本当にＡＩに置き換わるかはともかく、相当な程度、業務が変わるのは間違いないでしょう。その分、人を相手とする仕事がより主流になると思いますが、逆に言えば、そうした業務の専門性も今よりは高まると考えられます。

こうしたことは、なかなか既存の考え方や経験だけで考えられるものではないと思っています。私は、バブル崩壊後に大学を卒業し、ウィンドウズ旋風・ＩＴバブルを経験しましたが、その中で訓練を受けていない自分たち世代が翻弄されるのを見てきました。下の世代は、そうした機器に日常的に親しみ、義務教育でも授業があるのです。ＡＩによる変化は、チャンスともなりますが、あの頃とは桁が違うでしょう。

本書では、ライフ・キャリアのことを折に触れて書いてきましたが、これからは組織が個人のキャリアを保障できる時代ではありません。したくても、できないのです。公務員の職業能力は、潰しが利きませんから、よく考えて準備することが大切です。

藤原さんも仰っていますが、**キャリアとキャリアを掛け算して、希少性を持つことが今後は大事になってくる**と思います。欧米のように、そうしたことのプロであるキャリアコンサルタントを個人的に相談・活用することも必要になるでしょう。

## ☑ 一生の趣味を持っていますか？

「六十の手習い」という言葉をご存知ですよね。

年を取ってから勉強や稽古事を始めること、晩学のたとえです。

ただ、これは、富士山のような「一山型」の人生が一般的だった時代の考え方です。今は「連峰型」の人生を歩む時代ですから、**「四十の手習い」「五十の手習い」があってもかまわない**と思います。それぞれが、役割が変わり、体力・知力が衰えていく中でも、その後の10年、20年を豊かにしてくれるでしょう。

最後には、仕事をしなくなるのは間違いないのですから、その中でも楽しく過ごせる勉強や趣味は大事です。

正直に言って、私にはそういう趣味がまだありません。気ままな旅行と食べ歩きと読書が趣味で、最近は家族でのスキーにハマっていますが、本当の趣味は仕事だと我ながら思うからです。41歳のときに入院した際に、体が動かない中でも楽しめる読書がありがたかったですが、もう少しこれからの年代に楽しめる趣味をと思っています。

CHAPTER 5

# 10「出処進退」を明らかにする

## 職場をダメにする管理職

「ダメになる徴収職場の原因って何なんでしょうか？」

納税課長補佐となってすぐの頃、尊敬する東京都主税局の藤井朗さんに伺ったことがあります。

「課長が責任を取らないこと。たとえば、暴言を吐く滞納者が『課長を出せ』と言うのに、担当者任せにして知らん顔しているような課長だね」。即答でした。納税課の管理職は、厳しい交渉もメンバーにさせるのが役目。だからこそ、自らも体を張る気概と実践が必要なのだと、藤井さんは身を持って教えてくださいました。

今だから言えることですが、納税課長当時、私は捜索に本部長として臨む際には、進退届を書いて持っていました。必要と考えるから命じるのですが、ときには滞納者の自宅の鍵を壊してでも捜索を行います。万一、取り返しのつかないことが起きたら、その責任を取る必要があるからです。そのことは、当時誰にも言いませんでしたが、その後、異動した若手が言ってくれました。「課長が全責任を負うつもりなのは、よくわかっていた。だから捜索の現場で頑張れたのだ」と。課長の醍醐味ですね。

組織における昇任にせよ、業界や地域での活動にせよ、「出世」して大きな役割を担う以上は、責任が伴います。私たちは、所属する自治体の看板を背負っています。

**万一の場合の責任の取り方は、新たな役割を担ったり、新たな取組みを始めたりするときに、それに応じたものを具体的に考えておきましょう。**

あらかじめそれを考えておけば、事に臨んで、我が身可愛さに進退を誤ることはないはず。それが、最終的に自分自身・家族・組織を守ることにもなると思っています。

## 最高の公務員の終わり方は

あなたが公務員として退職するとき、どのような終わり方が最善でしょうか？

〇〇部長となること、××事業を成功させることなど、いろいろ考え方はあると思いますが、私は自分なりに仕事と活動で最善を尽くしたことを基本として、自分をはるかに超える人財に次の時代を託すことだと思っています。

そう私に思わせてくれたのは、後藤新平の「よく聞け、財を遺すは下、事業を遺すは中、人を遺すは上なり」という言葉です。倒れた日に残した言葉であるとされます。

どの仕事もそうかもしれませんが、私たち公務員の仕事には終わりがありません。市民がいて、地域がある限り、AIがこの仕事を大きく変えたとしても、私たちが引退しても、この仕事は必要であるはずです。だから、**私たち自身がこの職業を通してどんな仕事をしたかも重要ですが、それ以上に人財を残すことが大事**だと思います。

その際、注意しなければいけないのは、自分を基準に人を評価せず、より広い観点から人財が自ら育つ助けになることです。「〇〇さんは自分が育てた」と思っているうちは、まだまだということですね。

⑤
## 組織を変える・自治体を担う

**定野　司さん**
（足立区）

1957年足立区生、1979年入区、2015年足立区教育長。財務課長時代の2002年に導入した「包括予算制度」が注目を浴びる。以来、一貫して予算制度改革やコスト分析による行革を実践。環境部長時代の2008年から自治体の事業仕分けに参加。総務部長時代の2012年、新しい外部化の手法を検討する「日本公共サービス研究会」の設立、運営に携わるなど、自治体間の垣根を越えて持続可能な自治体運営に取り組む。著書に『自治体の財政担当になったら読む本』(学陽書房)等。月刊ガバナンス（ぎょうせい）に『管理職って面白い！』を連載中。

# 井の中の蛙　大海に出よ！

**――これまで、どんな業務・活動に携わってこられましたか？**

私は人を喜ばす「ものづくり」がしたくて、エンジニアをめざしました。しかし、就活に失敗。食べるために役所に入り、それでも「もの」に代わる何かを残すため、クリティカル・シンキングで様々な業務の改善・改革に取り組んできました。

包括予算制度の導入によって、財政難の中でも「金ではなく知恵で解決する」「明るく貧乏する」など、職員の気持ちを前向きに変えることができました。これが、私の講演や執筆活動の原点です。

事業仕分けや、日本公共サービス研究会を通じて、1700の自治体が知恵を出し合えば、多くの課題を解決できることもわかりました。

その原動力となるのが職員の皆さんです。皆さんにもっと元気になってもらいたい。そのために、どうしたらモチベーションを高く維持できるのか。それが、今の私の最大の関心事です。

**――教育長になられたきっかけ・動機は？**

私は入区以来、教育委員会に属したことがありません。門外漢だけど、新天地なんです。

この新天地で、「ものづくり」はできないけど、新しい「もの」をつくり出す「ひとづくり」ができる。こんな幸せを逃す手はありません。

**――執筆・講演活動や教育長就任等「世に出る」ことで得たもの、そのために必要なものは？**

足立区から出たことのない私は「井の中の蛙」です。肩書の通用しない他流試合で自分の力を試し、同時に、様々な人たちの、様々な考えを知る。これを井の中に持ち帰り熟成させていると、この過程が「ものづくり」と同じように思えてきたのです。おかげで、苦手だった「人対人」のコミュニケーションも、少しずつ上手になりました。

**――これから「世に出る」若手職員に向けて、一言エールを！**

役所には前例踏襲という悪癖があります。しかし、因習ではなく良いものを前例踏襲すれば、役所は確実に進化します。そして、その良いものを残すのが、皆さんの役割です。

なぜ、世に出るのか？

世に出ると、自分の成長を実感することができます。変化を待つのではなく、自分の成長エネルギーを使って、今の役所をAI時代に相応しい自治体に進化させるのです。

# おわりに　「出世」が拓く自治体の未来

「出世」という言葉は、公務員にとってNGワードの1つだと思っています。

そのため、「出世」をテーマとする本を書いてほしいと依頼されたときは、かなり悩みました。いち担当課長に過ぎない私には身に余るテーマなのは明らかです。相談した人のほぼ全員から、「やめておけ」と言われました。

それでも、この本を書くことにしたのは、公務員の一生を左右する大事なテーマなのに類書は少なく、また、自治体の未来のために、昇任して組織を担い、地域・業界から信頼される人財が増えることが不可欠であると感じていたからです。

「出世者」とは、歴史的には「俗世を捨てて出家した公卿の子息」という意味だそうです。私たち公務員にとっての「出世」とは、**一般的な「高い地位・名声を得る」という一身のことを超えて、広く地域と業界のために責任を果たす存在となっていくこと**なのだと、私は思っています。

私は、まだまだその境地には程遠いですが、せめて、上の世代が身をもって教えてくださったことは、若手の皆さんに伝えたい、そう思ってこの本を書きました。自分もできていないのに偉そうなことを書きましたが、多少でも参考になったら幸いです。

公務員として、どう働くかは人それぞれです。管理職を担うもよし、地域や業界で活躍するもよし、いちスタッフとして誠実に業務をこなすのもよしです。

結局のところ、「出世」には、分相応というところがあるのだと思いますし、結果は個人の努力を超えたところにあるのでしょう。早ければいい、上に行くほどいいというものではなく、**最後はきれいに身を引いて後続に委ねていくことが、組織・業界・地域にとっても大切**なのだと思います。けれど、そのためにも、その時々において、自分なりにやりきってきたという手応えが大事だと思っています。

皆さんが、この本を参考に、「世に出る」公務員をめざし、公務員として「出世」して、自らの公務員人生と自治体の未来を切り拓き、公私の充実とゆとりを手にすることができますように願っています。

『公務員1年目の教科書』（2016年4月刊）、『公務員の「異動」の教科書』（2017年6月刊）に続き、公務員の「出世」について書き、私の中にある「公務員としての在り方」は、絞り出すことができました。拙い文章を読んでくださった皆様に感謝しております。ありがとうございました。

どこかで私を見かけることがありましたら、ぜひお声をかけてください。また、メール等でご感想・ご質問をお寄せいただけたら嬉しいです。自主研などで直接お話しする機会をいただけましたら、ぜひ駆けつけたいと思っています。

大変お忙しい中、コラム「世に出る公務員たち」の紙面インタビューに応じてくださった佐藤徹先生、林誠さん、島田正樹さん、小関一史さん、君一哉さん、川合彩さん、定野司さん、誠にありがとうございました。

また、前々著・前著に引き続き、この本を出すにあたって多くの知恵を出してくださった株式会社学陽書房の村上広大さん、メンターとして尊敬する加藤良重先生・藤田さん・芳須さん・松永さん・工藤さん・伊藤さん・藤井さん、ライバル（？）である同期の吉本さん・福井さん・早坂さん、いつも支えてくれる妻の真理子と長男の遊馬に、そして、今は亡き、父・直定、母・規子と義母に本書を捧げます。

２０１８年９月

堤　直規

著者紹介

**堤　直規**（つつみ・なおただ）

東京都小金井市企画財政部行政経営担当課長。東京学芸大学教育学部卒業、同大学院社会教育学専攻修了。東京学芸大学教育実践総合センター（当時）の技術補佐員（教育工学）を経て、2001年に小金井市役所に入所。行政管理課情報システム係、保険年金課、企画政策課、納税課を経て、2016年４月から現職。東京都市町村職員研修所「政策プレゼンテーション」研修内部講師。著書に、『公務員１年目の教科書』『公務員の「異動」の教科書』（ともに学陽書房）がある。その他執筆に、「自治体財政硬直化の要因と対処法をさぐる～小金井市を題材に～」（『月刊地方自治職員研修』2014年12月号、公職研）、「収納率Ｖ字回復をめざす～小金井市納税課の挑戦～」（共著、『東京税務レポート』2015年秋季号、東京税務協会）、連載「教える自分もグンと伸びる！はじめての新人育成」（『月刊地方自治職員研修』2017年４月号～2018年３月号、公職研）、連載「一歩前へ！30代に贈る“錆びない”自分磨き」（『月刊ガバナンス』2018年４月号～、ぎょうせい）などがある。

（メール）tsutsunao@gmail.com

# 公務員の「出世」の作法

2018年10月26日　初版発行

著　者　堤《つつみ》　直規《なおただ》

発行者　佐久間重嘉

発行所　学 陽 書 房

〒102-0072　東京都千代田区飯田橋1-9-3

営業部／電話　03-3261-1111　FAX　03-5211-3300

編集部／電話　03-3261-1112　FAX　03-5211-3301

http://www.gakuyo.co.jp/

振替　00170-4-84240

ブックデザイン／スタジオダンク

DTP 制作・印刷／精文堂印刷

製本／東京美術紙工



ISBN 978-4-313-15088-1 C0034